SEGREDOS DE VIDAS PASSADAS

RUTH HELEN CAMDEN

SEGREDOS DE VIDAS PASSADAS
Como Ativar Memórias do Passado
e Resolver Problemas do Presente

Tradução
Denise de C. Rocha Delela

Editora
Pensamento
SÃO PAULO

Título original: *Past Lives*.

Copyright © 2009 Ruth Helen Camden

Todos os direitos reservados. Nenhuma parte deste livro pode ser reproduzida ou usada de qualquer forma ou por qualquer meio, eletrônico ou mecânico, inclusive fotocópias, gravações ou sistema de armazenamento em banco de dados, sem permissão por escrito, exceto nos casos de trechos curtos citados em resenhas críticas ou artigos de revistas.

A Editora Pensamento-Cultrix Ltda. não se responsabiliza por eventuais mudanças ocorridas nos endereços convencionais ou eletrônicos citados neste livro.

Coordenação Editorial: Denise de C. Rocha Delela e Roseli de Sousa Ferraz

Preparação de originais: Maria Teresa Ornellas

Revisão: Indiara Faria Kayo

Diagramação: Macquete Produções Gráficas

Dados Internacionais de Catalogação na Publicação (CIP)
(Câmara Brasileira do Livro, SP, Brasil)

Camden, Ruth Helen
  Segredos de vidas passadas : como ativar memórias do passado e curar problemas do presente / Ruth Helen Camden ; tradução Denise de C. Rocha Delela. -- São Paulo : Pensamento, 2011.

  Título original: Past lives
  Bibliografia
  ISBN 978-85-315-1736-5

  1. Terapias de vidas passadas 2. Trauma psíquico 3. Recordação (Psicologia) 4. Self (Filosofia) I. Título.

11-04490   CDD-616.8914

Índices para catálogo sistemático:
1. Terapias de vidas passadas 616.8914

O primeiro número à esquerda indica a edição, ou reedição, desta obra. A primeira dezena à direita indica o ano em que esta edição, ou reedição, foi publicada.

Edição	Ano
1-2-3-4-5-6-7-8-9-10-11	11-12-13-14-15-16-17-18-19

Direitos de tradução para o Brasil
adquiridos com exclusividade pela
EDITORA PENSAMENTO-CULTRIX LTDA.
Rua Dr. Mário Vicente, 368 — 04270-000 — São Paulo, SP
Fone: 2066-9000 — Fax: 2066-9008
E-mail: pensamento@cultrix.com.br
http://www.pensamento-cultrix.com.br
que se reserva a propriedade literária desta tradução.
Foi feito o depósito legal.

SUMÁRIO

Agradecimentos 7
Introdução 9
Execução 15
Uma decisão corajosa 21
Sonhos perturbadores 27
Morte no cadafalso 36
Samskaras 44
Um frio início de vida 49
Morte no Picadeiro 57
Ganhando a vida no ringue 64
Justiça tribal 71
A morte de um tirano 78
Ataque de ciúmes 85
Arruinada por um escândalo 92
Almas gêmeas e vidas passadas 101
Um vislumbre além do tempo 105

Orgulho de um guerreiro 111
Casada com o inimigo 117
Rejeitada 124
Preso nas ferragens 131
Karma ou samskara? 138
Sonhos antigos 142
Abandonada para morrer 150
Vício 156
Estupro e traição 164
Ódio da vida 171
Sede de amor 179
Experiências de morte 186
Morte no vulcão 191
A cura da lepra 198
Aviso do futuro 204
Vivendo no presente 211

AGRADECIMENTOS

Em primeiro lugar, eu gostaria de expressar minha enorme gratidão a todas as pessoas cujas vidas passadas e histórias pessoais contribuíram com este livro.

Obrigada a Maggie Hamilton, pela orientação e encorajamento, que levaram à concretização desta obra.

Obrigada também à editora Desney Shoemark, pela lucidez e novos pontos de vista, que me ajudaram quando eu mais precisei.

Obrigada também àqueles que leram o manuscrito enquanto ainda estava sendo escrito e cujas opiniões favoráveis me ajudaram a dar forma ao livro.

E, principalmente, obrigada a você, Samuel Sagan, meu professor, que me levou a atravessar os umbrais da percepção de mundos interiores, onde nada é o que a princípio parece, e mistérios e surpresas se escondem em todo lugar.

INTRODUÇÃO

Você não muda resolvendo os seus problemas, você resolve os seus problemas mudando.

Dr. Samuel Sagan

Em muitas culturas, a existência de vidas passadas é aceita como uma parte da ordem natural do mundo. Os seres humanos são considerados seres essencialmente espirituais que estão aprisionados ao ciclo de morte e renascimento. Algumas tradições apregoam que existe potencial para crescimento e mudança nesse processo cíclico de vida e morte. Outras dizem que a raça humana está presa num ciclo de eterno retorno.

Neste livro eu não discuto teorias sobre reencarnação e, na realidade, nem tentarei provar a existência de vidas passadas. Em vez disso, relato as experiências de pessoas de todas as procedências e sistemas de crença, que já passaram pela regressão a vidas passadas e descobriram que suas experiências as levaram a fazer mudanças positivas na vida atual. A possibilidade de ver as causas passadas de seus problemas do presente, seja na primeira infância ou em alguma vida passada há muito esquecida, trouxe profundas realizações pessoais e curas interiores.

Nem toda terapia de vidas passadas é igual ou funciona de acordo com os mesmos princípios. A técnica que eu uso chama-se ISIS, um conjunto de técnicas desenvolvidas pela Clairvision® School. A ISIS faz parte de um grupo de técnicas que compõem a Clairvision Inner Space Techniques, ou IST. Ela é praticada com um cliente e um facilitador (chamado "conector"). ISIS é um acrônimo de Inner Space Interactive Sourcing [Fonte Interativa do Espaço Interior].

O conceito de "espaço interior" é uma das bases da ISIS. Durante as sessões, o cliente entra num estado introspectivo de consciência que traz à tona aspectos normalmente ocultos no subconsciente.

Apesar de sua natureza profunda, entrar no espaço interior não é difícil. Com a orientação de um profissional qualificado, a maioria das pessoas penetra no espaço interior depois de algumas instruções específicas. Elas em geral reconhecem o espaço pela sua luminosidade azul-escura ou roxa e um sentimento de tranquila expansividade.

Durante uma sessão de ISIS, o cliente deita-se confortavelmente com os olhos fechados, enquanto o conector se senta ao lado dele. Conector e cliente entram no espaço interior e a sessão tem continuidade. Por meio do diálogo e de uma *interação* de energias sutis entre o cliente, o conector e o espaço, emoções e padrões habituais de pensamento e comportamento do cliente são realçados e explorados. O conector faz perguntas, não para determinar nomes, datas ou lugares, mas para ajudar o cliente a viver a experiência mais profundamente.

Seja o problema em questão um ciclo repetitivo de reações emocionais, um problema de saúde ou um traço de personalidade, a direção é a mesma: de volta às suas origens. A ênfase da ISIS é descobrir quando e como as coisas começaram – ir até a sua *fonte*. Trabalhando nesse nível, as pessoas vivenciam uma libertação ou chegam a conclusões que vão muito além da resolução do problema original. Elas entram em contato com partes de si mesmas ilimitadas, que lhes permitem acessar uma visão e presença espiritual profundas.

Embora possamos viver durante anos ou até vidas inteiras completamente inconscientes de lembranças reprimidas mas carregadas de emoção, essas lembranças podem estar surpreendentemente próximas da superfície. Quando entramos no profundo trabalho interior da cura emocional, como acontece na ISIS, existe algo muito belo acerca da liberação dessas emoções latentes. A libertação de lembranças reprimidas nos leva a descobrir partes preciosas do nosso ser cujo reconhecimento nos causava dor. Quando permitimos que essas partes esquecidas ganhem vida, elas fazem muito mais do que solucionar nossos problemas iniciais, elas nos libertam de todo tipo de atitudes e crenças semiconscientes que nos limitam.

Com a ISIS, ver vidas passadas – ou ver qualquer coisa com relação a essa questão – é algo empírico. É muito diferente de receber um relato de outra pessoa, com informações sobre nossas vidas passadas. O cliente da ISIS sente e vê por si mesmo. Nesse caso, "ver" não significa necessariamente ver imagens. Com a ajuda da visão interior, o sentir, o perceber e o saber não são apenas meios válidos de se "ver", mas são, na verdade, partes essenciais do processo. Ver imagens sem sentir nada é algo que só proporciona experiências superficiais, incapazes de provocar mudanças. Este livro conta muitas histórias de pessoas que viram e sentiram suas vidas passadas com detalhes. Essas pessoas não tinham nenhuma capacidade especial ou rara que lhes facilitasse essa visão. Suas experiências normalmente ocorreram depois de algumas sessões e, quanto mais elas aprenderam a relaxar e deixá-las fluir, mais detalhes conseguiram ver.

No espaço da ISIS não existe imaginação ou técnicas de visualização. A pessoa vê e sente as coisas como elas são e como aconteceram. Quando ela vivencia por si mesma as circunstâncias que causaram um padrão negativo, não raro esse padrão simplesmente desaparece como que por encanto. Ele deixa de exercer influência sobre ela.

Ao contrário dos clichês sobre pessoas que descobrem ser a reencarnação de Cleópatra ou Napoleão, relatos de reencarnações de personalidades famosas praticamente não existem na ISIS. Como regra geral, as pessoas normalmente descobrem que, em suas vidas passadas, elas foram tão comuns ou extraordinárias quanto são no presente.

Independentemente de como as pessoas se veem no passado – como alguém famoso, sem fama ou comum –, elas são estimuladas a não interpretar essas experiências de modo demasiadamente literal. O propósito da ISIS é a cura e o autoconhecimento, não a investigação histórica. Mantendo a ênfase nos sentimentos e na experiência, e não em nomes, datas e lugares, o processo mantém sua integridade e o foco se concentra na cura pessoal. Se as pessoas se deixarem distrair demais pelas histórias desencadeadas em cada sessão, elas correm o risco de se afastar do ponto principal do processo. A experiência é o que muda as pessoas, não o conhecimento intelectual apenas. O propósito de ver vidas passadas é a cura pessoal e o autoconhecimento.

Existe uma segunda razão para não nos apegarmos muito aos detalhes das histórias de vidas passadas. Pode acontecer de as pessoas "captarem" no espaço interior experiências de vidas passadas que não aconteceram exatamente como elas viram. As experiências também podem ser simbólicas. Quando isso acontece, as vidas que as pessoas veem não são experiências aleatórias, mas pontes para aspectos delas mesmas que permaneciam ocultos. Sejam feridas profundas ou estados exaltados de ligação espiritual, algumas experiências interiores são paradoxalmente mais fáceis de acessar por meio da visão de vidas passadas.

Os nomes e detalhes acerca das pessoas cujas histórias são relatadas neste livro foram alterados para proteger sua privacidade e anonimato, embora o teor de suas experiências se mantenha.

1

EXECUÇÃO

Jade

O emprego de Jade como assistente de um fotógrafo profissional tinha acabado muito mal e ela precisava entender por quê. Ela já trabalhava havia mais de um ano quando o chefe começou a tratá-la de modo diferente. Ele não era ofensivo, mas Jade sabia que se sentia sexualmente atraído por ela. Quando ele percebeu que ela não retribuía seus sentimentos, ficou exigente e crítico com relação ao seu trabalho, reagindo às vezes de maneira exagerada. A cordialidade dela não ajudava em nada e o retraimento parecia criar ainda mais antagonismo da parte dele. Ela passou a ter horror ao trabalho e, no final, não teve outra escolha a não ser pedir demissão. Ela agora trabalhava sozinha, fazendo um serviço entediante, mas seguro, de digitação.

Jade sonhava com uma carreira em que pudesse usar a criatividade. Embora fosse formada em marketing e em estudos dos meios de comunicação, e sonhasse em trabalhar nessa área, ela sempre terminava trabalhando como auxiliar de escritório. Alguma coisa sempre acabava dando errado com os colegas de trabalho e impedindo qualquer chance de progresso profissional. Além disso, ela se sentia cansada demais para deixar que a verdadeira criatividade fluísse.

Jovem, bonita e inteligente, Jade parecia capaz de conseguir tudo o que quisesse na vida. Mas, em vez disso, vivia numa luta constante. Nos últimos nove anos, sua vida fora pontuada de fadiga e depressão. Por volta da época em que seus problemas de saúde começaram, o namorado terminou o relacionamento, levando-a a cair numa espiral de depressão e bulimia. Sentindo-se gorda, mal-amada e fora de controle, Jade começou uma peregrinação por consultórios médicos, buscando uma maneira de recuperar a saúde e o bem-estar. Por fim, seu médico encaminhou-a a um especialista em IST, para que fizesse um tratamento com a ISIS.

Os problemas de Jade com os relacionamentos, no entanto, preocupavam-na ainda mais. Até onde ela conseguia se lembrar, as coisas seguiam normalmente quando, então, alguém passava a sentir raiva dela e o relacionamento azedava. Isso tinha acontecido com amigos, colegas de trabalho e chefes. Toda vez que um amigo ou colega rompia com ela, Jade era vencida pela fadiga novamente. Não sabia como nem por que, mas sentia que era ela quem desencadeava essa dinâmica negativa. Ela estava fazendo tudo ao seu alcance para reverter a situação, e precisava desesperadamente de uma nova perspectiva de vida.

Como muitos clientes, Jade já tinha consultado vários profissionais. Ela só esperava que essa sua visita não se revelasse outra grande perda de tempo.

Pedimos a Jade para se deitar e relaxar, e a sessão começou. Com os olhos fechados, ela foi conduzida ao seu espaço interior, um estado de consciência em que normalmente partes ocultas do subconsciente tornam-se perceptíveis. Depois de alguns minutos, ela percebeu um sentimento de tristeza e aos poucos uma torrente de impressões e emoções começou a jorrar.

Jade tinha a impressão de estar num lugar frio e cinzento. Era como uma gruta ou porão, com paredes úmidas de pedra. Ela viu uma jovem mãe e duas crianças, uma menina e um menino, e os três estavam apavorados. Em frente a eles, havia um homem sujo e de aparência zangada. O homem parecia sentir prazer em assustar as crianças, ameaçando-as com todo tipo de coisas que podia fazer a elas. Ele dizia à mãe que, se ela não cooperasse, ele mataria o garotinho à sua frente. Cutucando a mãe com o cano do revólver, ele a olhava com desprezo. As crianças choravam, mas o homem só ria. Desesperada para manter as crianças a salvo, a mãe segurava-as ao seu lado com força.

Imersa na experiência, Jade revivia o medo da jovem mãe e sentia o seu grande amor pelas crianças. O que mais a apavorava era o risco de que o brutamontes machucasse seus preciosos filhos.

Então Jade sentiu o medo da mulher se intensificar, transformando-se numa terrível tristeza à medida que a imagem das crianças e da parede de pedra aos poucos se desvanecia e tudo ficava em silêncio. Agora Jade sentia as lágrimas escorrendo pelo rosto. Embora ainda não conseguisse ver o que tinha acontecido, ela sabia que o perigo tinha passado.

A mulher – e, simultaneamente, Jade – sentiu-se cercada por uma grande quietude, na qual não havia necessidade de se mover ou falar. Jade deu as boas-vindas a essa quietude e deixou que ela suavizasse sua dor.

Tão logo Jade procurou pelas crianças, ela se viu de volta à gruta. Desta vez ela olhava a cena de cima. As duas crianças traumatizadas estavam sozinhas na escuridão. Aos pés delas, o corpo morto da mãe. Um filete de sangue escorria do seu peito, formando uma poça escura no chão. O homem tinha ido embora.

Embora não estivesse mais viva, a mulher que Jade identificava como um eu de uma vida passada podia ver tudo mais claramente do que nunca. Ela via as crianças soluçando enquanto absorviam a realidade do que tinha acontecido. A mãe estava morta. O pai estava fora e o perigoso homem ainda estava na casa. O que elas fariam?

Apesar do horror do que acabara de acontecer, a jovem mãe ficou surpresa ao constatar que morrer não era difícil. Nada podia feri-la agora. A morte a deixara em segurança. O que a perturbava era a impotência que sentia para ajudar seus belos filhos. Ela tentou sussurrar no ouvido deles que os amava e estreitá-los nos braços como costumava fazer, mas foi em vão. Paralisadas pelo choque, as crianças só conseguiam olhar fixamente para o corpo da mãe. Se não estivessem tão transtornadas elas teriam percebido sua presença ainda ao lado deles.

Para a mulher, abandonar os amados filhos era extremamente doloroso. Deixá-los desprotegidos e em perigo ia contra tudo o que havia dentro dela. O amor pelos filhos rasgava seu peito. Se ao menos ela pudesse abraçá-los uma vez mais, tornar o mundo seguro para eles mais uma vez... Mas era impossível.

Para Jade, o sentimento de perda da jovem mãe era tão forte e palpável quanto se estivesse acontecendo com ela naquele exato instante. A tristeza esmagadora brotava do fundo do seu ser. Ela a tinha carregado consigo ao longo do tempo. Embora Jade nunca tivesse tomado consciência da sua vida passada antes, a dor era bem conhecida. O senso de perda dessa mulher era o mesmo que Jade havia sentido aos 21 anos, quando seu primeiro namorado a deixara. Na realidade, era a mesma dor que sentira no final de todo relacionamento desde então.

A dor continuava vindo à tona num confuso emaranhado de lembranças sofridas. Ela carregava o peso dessa tristeza há tempo demais. Deixá-la ir embora era um verdadeiro alívio. À medida que chorava, a dor no coração de Jade aos poucos ia sendo amenizada e substituída por uma profunda paz.

Jade ficou em silêncio enquanto a atmosfera na sala se tornava suave e vibrante. O silêncio tinha sua própria mágica, como um arco-íris depois da chuva. Ele trouxe a cura que Jade procurava. Ela sentiu o corpo mais relaxado do que nunca. Enfrentando as emoções difíceis há tanto enterradas, ela finalmente conseguiu deixá-las ir. Isso lhe trouxe um grande alívio.

Mais tarde, Jade sentou-se, reflexiva. Ela estava impressionada com a clareza com que se passara toda a experiência. O amor da jovem mãe pelos filhos, seu desejo de protegê-los e o medo que havia sentido do homem tinham sido reais. Ela estava surpresa com o modo como o tempo tinha deixado de existir. Quando falou, seus olhos estavam cheios de alegria. Ela estava boquiaberta. Só se lembrava de ter se sentido assim quando era bem pequena, nos momentos em que ficava enrodilhada na cama à noite, agasalhada pela escuridão aveludada. A avó costumava dizer que essa era a hora em que os anjos podiam fazer visitas. Ela tinha se esquecido do quanto se sentia bem naqueles momentos.

O terror que tinha sentido na gruta, Jade também conhecia bem. Ela se lembrou das ocasiões, na infância, em que ia passar a noite na casa das amigas. No minuto em que o pai da amiga chegava do trabalho, ela entrava em pânico e começava a implorar para que a levassem para casa. Não importava o que dissessem, a jovem Jade não conseguia relaxar enquanto não estivesse segura em casa novamente. O medo irracional que tomava conta dela diante de um desconhecido era o mesmo estranho pavor que sentira na pele da mulher na gruta, enquanto o homem lhe fazia ameaças de morte.

Ao fazer uma retrospectiva da sua experiência na gruta, Jade percebeu que o medo e a dor da jovem mãe ainda faziam parte dela. Ela remodelara as suas emoções e reações em todos os tipos de circunstâncias. Essa foi uma constatação importantíssima para Jade.

Muita coisa tinha acontecido a ela numa só sessão e era hora de dar um tempo para se sentar e refletir. Antes de ir embora pedimos que ela pensasse em tudo o que havia descoberto. Enquanto cuidava dos afazeres diários, sugerimos que ela procurasse perceber se havia momentos em que sentia o mesmo medo ou tristeza da mulher que vira em sua vida passada. Jade deveria descobrir que tipo de situação trazia à tona ou intensificava essas emoções. Assim, explicamos, seria mais fácil para ela dar prosseguimento às mesmas experiências na sessão seguinte.

Ainda não estava clara a ligação que poderia existir entre as experiências de Jade nessa sessão e as dificuldades que atravessara com seus colegas de trabalho. Ela queria saber e prometeu pensar, até o encontro seguinte, na mulher que fora um dia.

2

UMA DECISÃO CORAJOSA
Jade

Uma semana depois, Jade praticamente correu para dentro da sala, ansiosa para começar. Tinha sido uma semana boa. Ela tinha se sentido mais saudável e positiva do que se sentia há muito tempo, e com vontade até de meditar algumas vezes.

Durante a semana, Jade tinha passado por algumas situações em que se sentira justamente como a mulher que vira na última sessão. Em especial, ela percebera que um certo homem, no local de trabalho, a deixava insegura por qualquer motivo. Ela sempre pensava nele como uma pessoa muito instável e volúvel e não gostava de tê-lo por perto. Essa semana, à luz do que vira no passado, Jade tinha percebido que essa inquietação que sentia com relação ao colega era provocada diretamente pelo trauma que vivenciara como a mãe desesperada na gruta. Era o mesmo mecanismo que a deixava apavorada na infância. Jade carregava esse medo há muitas vidas e ele ainda fazia parte dela agora.

Pedimos a Jade que se deitasse e fechasse os olhos, para iniciar a sessão. Depois de alguns minutos mergulhando no seu espaço interior, a experiência de Jade começou, mas com algo bem diferente da cena da gruta. Desta vez eram impressões de uma garotinha diante do portão de uma casa; Jade tinha a sensação de que via a si mesma em outra vida. A menina estava usando um casaco vermelho que lhe passava dos joelhos e um chapéu combinando. Na mão direita tinha uma pequena valise.

Quando perguntamos como ela se sentia como aquela garotinha, Jade se sentiu imediatamente envolvida por um sentimento de paz. No mesmo instante ela notou uma mulher vestida de preto que soluçava. Jade sabia que era a mãe da menina. Ela tinha perdido a filha e nunca mais a veria novamente.

A criança desencarnada se sentia serena. Ela estava feliz por partir da vida terrena. A criança só queria saber como assegurar à mãe de que não havia motivo para tristeza. Depois de uma longa doença, a morte lhe parecia doce. Ela tinha simplesmente sido atraída para um lugar bonito e tranquilo, e deixado toda doença e desespero para trás. O casaco e a valise, Jade percebeu, eram símbolos da partida da menina.

Enquanto Jade se deixava envolver pelo sentimento de paz que cercava a criança, ela notou o quanto esse sentimento era parecido com o que sentira na morte da mulher na gruta. Num instante ela estava ali outra vez. Novamente era a mãe apavorada, espremida contra a parede da gruta. Desta vez novas impressões vieram à tona. Era a II Guerra Mundial, Jade agora via, e o homem usava o uniforme de um soldado nazista. Ela sentiu seu antigo eu parada diante do soldado armado, com as crianças agarradas a ela. O lugar não era mais uma gruta, mas o porão da casa da família.

Ao longo de mais algumas sessões, novos detalhes vieram à tona e aos poucos ela foi descobrindo a cadeia de acontecimentos. Cada sessão terminava com Jade envolvida num sentimento suave de paz e, quando ela chorava, essa paz enchia o seu coração. A mulher estava em casa quando três soldados esmurraram a porta, exigindo que ela contasse onde estava o marido. Ela disse que não sabia, mas os soldados a forçaram a abrir a porta. Dois deles começaram uma busca, de cômodo em cômodo, enquanto o terceiro soldado mandou que a família descesse para o porão da casa. Pressionando-os em fila contra a parede, o soldado exigiu que a jovem contasse onde estava o marido. A que horas ela esperava que ele voltasse? Ela repetiu que não fazia ideia, mas ele não acreditou. Várias vezes ele perguntou até começar a ficar cada vez mais agressivo. Ameaçava atirar caso ela não contasse o que ele queria saber.

Embora a mulher não soubesse onde estava o marido, ela sabia o que ele estava fazendo. O casal fazia parte de uma organização clandestina que ajudava judeus a escapar dos nazistas. Eles tinham começado ajudando alguns amigos judeus que fugiam para proteger a própria vida e logo se envolveram numa operação de larga escala. Ela e o marido haviam prometido um ao outro proteger os refugiados, mesmo que isso significasse pôr em risco a própria vida. Eles já tinham escondido três famílias quando o marido recebeu a notícia de que a operação não era mais segura. Nessa noite ele estava fora, levando os fugitivos para um esconderijo seguro.

Embora temesse pelos filhos, a jovem ficara feliz pelas famílias terem escapado a tempo. Agora, ali estava ela, diante da morte por tudo o que fizera. Ela sempre rezara para que isso nunca acontecesse. O soldado na sua frente estava convencido de que havia um esconderijo em algum lugar da casa. Ele fazia ameaças terríveis à jovem mãe, tentado forçá-la a confessar ou fazer o marido sair do esconderijo.

Inconformado ao ver que uma mulher indefesa levava a melhor sobre ele, o soldado enfurecido alvejou-a no peito. Jade, revivendo tudo exatamente como o seu eu do passado, sentiu-se morrendo. Ela estranhou não sentir nenhuma dor. Num minuto ela estava diante da arma do soldado e no minuto seguinte estava flutuando em direção ao teto, enquanto seu corpo caía no chão de pedra. Ela podia ver seus filhos aterrorizados e foi tomada de preocupação por eles e pelo marido. Era mais do que ela podia suportar.

Perguntamos a Jade se ela se sentira tentada a contar ao soldado o que ele queria saber. Ela respondeu com convicção. A mulher odiava os nazistas e o que eles defendiam. Mesmo que isso lhe custasse a vida, ela não contaria coisa alguma. No entanto, a verdade era que ela não sabia onde estava o marido ou quando ele voltaria.

Enquanto falava, Jade voltava a ser a mulher que se recusara a falar mesmo diante da morte. Esse era um lado de Jade que ainda não tinha vindo à tona; uma mulher certa de seus princípios e pronta para defendê-los. Era algo inspirador. Um vislumbre da futura Jade.

Depois da sessão, Jade pensou sobre todas as vezes, na sua vida, em que tinha sido forte e determinada como a mulher do passado. Ela sorriu ao contar o quanto era idealista nos seus tempos de universidade. Antes de apresentar problemas de saúde, ela tinha participado de campanhas contra o trabalho infantil em países em desenvolvimento e apoiado grupos que defendiam os direitos humanos. Em anos recentes, porém, ela tinha se esquecido de como era ter tanto entusiasmo por alguma coisa.

Notamos uma diferença palpável em Jade durante as semanas seguintes. Ela parecia mais sorridente. Parecia até mais jovem. Quando lhe dissemos que ela parecia mais iluminada, Jade concordou com sinceridade. Há anos ela não sentia tanta vitalidade. Os amigos já perguntavam o que ela estava fazendo para parecer tão bem. A sua vida emocional também estava mais tranquila. Nos dias em que as coisas iam mal, ela tendia a se sentir aborrecida ou distraída, em vez de fraca ou chorosa, simplesmente porque se sentia mais forte por dentro.

Jade achava fascinante e um pouco irônico que toda semana, nas sessões, ela visse coisas horríveis e sentisse emoções dolorosas e, mesmo assim, no dia a dia, ela se sentisse tão bem – cada vez melhor, na realidade. Isso era porque Jade estava se libertando de alguns dos seus fardos emocionais mais pesados. Era natural que se sentisse mais leve.

Jade queria entender mais sobre como a visão de um trauma emocional de uma vida passada podia ajudá-la a se sentir melhor. Como isso funcionava exatamente?

Explicamos que os acontecimentos traumáticos deixavam impressões – chamadas "samskaras" – no subconsciente. Mesmo que um fato tivesse enterrado e há muito tempo esquecido, as impressões samskáricas permaneciam. A pessoa se lembrando do evento ou não, a samskara que tal evento criara tinha um efeito duradouro sobre as suas atitudes e comportamentos. Ela a prendia num padrão de condicionamento, por exemplo, de defesa, dor ou conflito.

Antes de ver essa vida passada, Jade nada sabia sobre a samskara, muito embora estivesse consciente de alguns dos seus efeitos: seus medos de infância, por exemplo, e a desconfiança que sentia com relação ao homem no trabalho. Sozinha, Jade não tinha condições de ver a impressão. Como uma pedra afundando na água, essa impressão estava criando marolas na sua vida, enquanto a causa permanecia oculta.

O quadro de Jade era otimista. Embora nada tivesse mudado nas circunstâncias exteriores, o emaranhado de emoções e fadiga em que se sentia presa estava finalmente diminuindo. Há anos ela não se sentia tão cheia de energia e positiva.

Apesar disso, Jade podia ver que os antigos padrões continuavam ativos no trabalho. Ela não gostava do seu emprego e se sentia incompreendida pelos colegas, mas ainda assim não conseguia ver como estava criando o conflito.

Quando lhe dissemos que não era de surpreender que um problema surgido vidas atrás demorasse mais do que algumas semanas para se resolver, Jade disse que essa lhe parecia uma explicação bem razoável. Ela estava fazendo muitas descobertas sobre si mesma e tinha decidido dar prioridade a esse processo de autodescoberta por um tempo. Um futuro brilhante prometia surgir. Jade já esperava ansiosamente pela sessão seguinte.

3

SONHOS PERTURBADORES

Jade

Jade chegou para a sessão seguinte anunciando que tinha acabado de se candidatar a um novo emprego. Ela pleiteava uma vaga para o cargo de assistente pessoal numa grande empresa de marketing; era uma oportunidade que prometia ser tanto desafiadora quanto empolgante. Embora fosse começar de baixo, ela tinha esperança de poder almejar cargos melhores.

Desta vez, quando a sessão começou, ela sentiu uma dor na região inferior do abdômen, como se tivesse recebido um golpe muito forte ali. Não era simplesmente o golpe que a fazia se sentir tão mal, mas a sensação de que ele viera de alguém que ela amava, embora isso não parecesse fazer sentido. Enquanto sentia náuseas, as impressões iniciais começaram a ficar mais claras e logo ela viu uma jovem demente sentada sozinha. A mulher estava agarrada a uma cadeira, chorando.

Jade sentiu o desespero da mulher e sabia que ela estava se vendo em outra vida. Ela sentia as mãos agarradas à cadeira com tanta força que os dedos estavam entorpecidos. Estava sentada numa sala espaçosa, onde havia uma mesinha e duas cadeiras. No canto, havia um piano antigo.

Apesar da tristeza que crescia dentro dela, Jade não pode deixar de rir da aparência da jovem. Ela usava um volumoso vestido amarelo e um chapéu imenso, com penas vermelhas e amarelas que caíam sobre o rosto. A risada de Jade logo diminuiu quando ela percebeu por que a mulher estava escondida atrás do chapéu. Ela queria muito usar roupas que a deixassem com uma aparência alegre e exuberante, mas por dentro se sentia devastada. Ela tinha desabado na cadeira depois de ter sido derrubada no chão pelo marido.

Atordoada com seu comportamento agressivo, a jovem esposa perguntava-se o que fizera de errado. Ela era desprezada pelo homem em quem depositara todos os seus sonhos e esperanças. Embora mal tivesse chegado aos 20 anos, ela se sentia velha e derrotada. Enquanto as lágrimas de amargura da mulher lhe caíam pelas faces, Jade também chorava, extravasando uma dor antiga que ela guardava no fundo do peito. Essa era a primeira vez que Jade via alguma coisa sobre essa vida passada, mas a dor e a sensação de inutilidade foram muito reais para ela. Foi um alívio deixar que finalmente viessem à tona.

Ao longo das sessões seguintes, a cena da mulher chorando voltou a Jade. Mesmo antes de qualquer imagem surgir, ela já começava a sentir a solidão e aversão por si mesma que a moça sentia. O seu eu dessa vida passada era jovem e bonita, mas se sentia pouco atraente e mal-amada. O marido era mais velho do que ela e tratava-a como uma criança. Ela muitas vezes sentira medo dele.

Quando se casaram, ela era quase uma criança, a cabeça cheia de sonhos de romance e bebês. Mas a realidade da vida de casada revelou-se muito diferente. O marido queria alguém para parir seus filhos e acompanhá-lo nas ocasiões sociais. Uma jovem esposa bonita era uma mercadoria para exibir socialmente. Ele nunca pensara que sua nova esposa fosse tão carente e imatura. Por trás da sua elegância estudada, ela não era a mulher confiante que ele esperava, mas uma menina insegura.

A jovem, por sua vez, sentiu uma grande tristeza ao descobrir que o marido era extremamente controlador. O homem charmoso que a cortejara tinha se tornado uma figura paterna crítica e rude. Ela se deixara enganar pela sua aparência distinta e boas maneiras. A jovem tentara cada vez com mais desespero melhorar a aparência e ser a mulher que seu exigente marido parecia querer. Maquiagem e roupas vistosas não evitavam, no entanto, que ela se sentisse desvalorizada e desprezada, e quanto mais tentava agradar ao marido mais irritante ela lhe parecia aos olhos dele.

Do ponto de vista atual, Jade podia compreender a frustração do marido. Sua nova esposa precisava mais de uma babá do que de um marido. Ao mesmo tempo, ela se sentia a jovem esposa, presa a seu tumulto interior e incapaz de ver além dos próprios problemas.

À medida que seu casamento se desintegrava, a autoestima da jovem diminuía vertiginosamente. Ela se tornou uma sombra da garota feliz que um dia fora. A vida com o marido era uma prisão de críticas e reclamações. Ela agora tinha aversão à beleza da sua juventude. Odiava o próprio corpo e a vida que ele lhe proporcionava, mas não conseguia encontrar saída.

Para Jade, a aversão por si mesma era desconfortavelmente familiar. O sentimento desagradável de não se sentir à vontade na própria pele era exatamente a maneira como se sentia quando se entregava à bulimia. Ela comia sem parar, na tentativa de não sentir o quanto se sentia mal consigo mesma. Quando isso não funcionava, ela colocava tudo para fora, tentando se livrar da sensação ruim na boca do estômago. Embora não induzisse o vômito há muitos anos, Jade podia se lembrar muito bem do modo como se sentira.

Alguns dias depois da sessão, Jade telefonou para dizer que as emoções da jovem esposa eram às vezes tão reais, que ela quase se perguntava que vida estava vivendo de fato. Era ao mesmo tempo desorientador e surpreendente. Jade perguntou se estava fazendo alguma coisa errada. Nós lhe asseguramos que não. Além de ser uma parte normal do trabalho com as samskaras, a consciência que a pessoa tem de estar vivendo duas vidas ao mesmo tempo é uma experiência preciosa. Ela alarga os horizontes e expande o senso de identidade pessoal.

Jade chegou para a sessão seguinte com uma aparência radiante. Ela tinha feito muitas descobertas sobre si mesma ao longo da semana. O fio que ligava o passado e o presente era a autoestima ou, antes, a falta dela. Independentemente do que fazia na vida, Jade sempre se sentia inadequada. Ela sentia um vazio dentro de si. A jovem de vestido amarelo tentara preencher esse vazio com sonhos de um casamento feliz. Durante os anos em que sofrera de bulimia, ela tinha tentado preenchê-lo com comida. O mesmo vazio a levara à terapia.

No trabalho, Jade tinha notado que se sentia diferente sobre o colega inconstante, cujas maneiras sempre lhe pareciam vagamente ameaçadoras. À medida que ela tomava conhecimento da samskara subjacente, o homem começou a parecer mais estranho do que dissimulado, e seu desconforto se transformou em indiferença.

Jade contou que, posteriormente, seu ombro começou a doer. O interessante foi que a dor incomodava mais quando do ela estava no espaço interior da ISIS – um sinal clássico de que a dor estava relacionada a um bloqueio emocional.

Dessa vez, depois de mergulhar no espaço interior, Jade viu a jovem de vestido amarelo um pouco mais cedo, naquela mesma noite, arrumando-se para sair com o marido. Ela tinha descoberto que estava grávida e isso lhe dava um sentimento renovado de esperança. Planejava contar ao marido aquela noite e imaginava o quanto ele ficaria satisfeito. Ela estava muito animada. Talvez um bebê inspirasse o amor do marido por ela e lhe trouxesse felicidade.

O marido, no entanto, foi ríspido. Aquela noite eles iriam a um baile e ele a alertara de que se tratava de um evento cheio de pompa e circunstância. Muitas pessoas importantes estariam presentes e ele esperava que ela se comportasse de modo adequado. Ela decidiu deixar a notícia do bebê para mais tarde. Talvez, depois de cumprir as obrigações sociais, ele ficasse mais descontraído. Mas as coisas não tomaram o rumo que ela esperava.

No baile, o marido foi conversar com outros homens e deixou a esposa com as mulheres. Ele não parava de olhar na direção dela com um olhar de reprovação. Ela gostaria de saber o que estava fazendo de errado. Será que estava sorrindo muito? Ou não estaria sorrindo o suficiente? Ela tentava parecer mais madura, mas não parecia estar dando certo. Sua disposição alegre começou a evaporar enquanto a preocupação a dominava. O marido se aproximou e sussurrou em seu ouvido que ela parecia ridícula. Nenhuma das outras mulheres usava roupas tão chamativas, ele disse. Por causa dela, ele estava sendo alvo de risadas. Ela xingou a si mesma por usar aquele traje numa ocasião tão formal. Se ao menos pudesse desaparecer como que por encanto! O marido se virou para outra mulher e começou a caçoar da esposa, fazendo comentários sobre o seu chapéu de tamanho maior do que o natural. Ela quase morreu de vergonha.

Ela passou o resto da noite vendo-o dançar com outras mulheres e cortejá-las com seu jeito galante. A alegria que tinha sentido com a nova vida que crescia dentro dela tinha desaparecido. Ela se sentia insignificante. Sua barriga começou a doer. Ela queria ir para casa.

Em casa, o marido começou a pressioná-la para que fizessem sexo. Ela não se sentia bem e tentou dissuadi-lo, dizendo que poderia estar grávida. Em vez de se encantar diante da perspectiva de ser pai, ele acusou-a de inventar desculpas para evitá-lo. Ela o olhou com profunda tristeza. Não era isso o que ela imaginara. Então eles começaram a discutir. Ele agarrou-a pelo braço e puxou-a para ele. Quando ela protestou, ele perdeu a cabeça e rasgou seu vestido. Empurrando-a com desprezo, ele a chamou de criança tola com cérebro de passarinho. Ela não servia nem mesmo para fazer sexo. Ele a golpeou com tanta força na barriga que ela tropeçou e caiu, deslocando o ombro ao bater no chão.

Sem nem olhar para trás, o marido se virou e saiu do cômodo. A mulher estava aturdida e machucada. Ele nunca tinha batido nela antes. Tudo doía em seu corpo: o ombro, a barriga e o coração. Em choque, ela se esforçou para se recompor e conseguiu se sentar numa cadeira. O marido tinha ido embora e a deixara sozinha com a sua dor. Devastada, ela desejou fugir, mas não tinha para onde ir. Queria se esconder e nunca mais se olhar no espelho novamente.

Todos os seus esforços para ser a esposa perfeita tinham sido em vão. Ela sentia um ódio profundo de si mesma. Só o fato de estar viva já era suficiente para que se sentisse mal. Era como se não pertencesse mais àquela vida, ao seu próprio corpo. Identificando-se com a jovem, Jade reconheceu mais uma vez essa sensação na vida presente.

O marido ficou fora a noite toda. Quando voltou, na manhã seguinte, comportou-se como se nada tivesse acontecido. Mas a jovem sabia que as coisas nunca mais seriam como antes. Depois daquela noite, toda vez que a esposa não atendia às suas expectativas, ele perdia a cabeça e batia nela. Às vezes lhe dizia que ela tinha sorte por ter se casado com ele – um homem menos generoso nunca toleraria tamanha idiota. Ela tentava manter a paz, mas era muito fácil despertar a sua ira. Por um tempo, ela ainda nutriu a esperança de que ele voltasse a ser o cavalheiro galante e charmoso que a cortejara, mas isso nunca aconteceu.

A jovem perdeu o bebê. O marido a culpou por não cuidar bem de si mesma. Disse que nenhum bebê queria ficar no útero de uma mãe como ela. Ela se sentia tão arrasada que às vezes quase acreditava nele.

O marido começou a passar cada vez mais tempo longe de casa. Apesar do comportamento insensível do marido, a jovem se sentia extremamente infeliz cada vez que ele saía. Suas esperanças de ter um bebê e uma família feliz tinham se acabado. Agora ela se sentia mais sozinha do que nunca. Sentia-se presa a uma vida que não escolhera.

Embora Jade nunca tivesse travado um relacionamento abusivo como esse, ela ficou surpresa ao ver que muitas das emoções que sentia eram iguais às do passado. Aquela mulher ainda representava uma grande parte dela. A aversão que sentia por si mesma não permitia que ela se aproximasse de ninguém. O namorado era carinhoso e paciente e, embora ela gostasse dele, sentia que nunca se entregara totalmente. Ela resolveu que, daquele momento em diante, se abriria mais para ele, mesmo quando se sentisse vulnerável.

Na sessão seguinte, ela foi direcionada para ver o que tinha acontecido com a jovem num período posterior da vida. Jade viu seu eu passado muitos anos depois. Ela estava sentada sozinha, costurando, curvada sob o peso dos anos. Tinha perdido tudo: a juventude, a beleza e os sonhos. O marido havia partido para um país distante a negócios e ela sabia que ele nunca mais voltaria. A perda dos sonhos, os muitos anos de maus tratos e de aversão por si mesma tinham lhe custado um alto preço. Ela não tinha amigos próximos e a família morava longe. A mulher vivia sozinha, acompanhada apenas das suas amargas lembranças.

Embora a vida atual de Jade não tivesse nada em comum com a dessa mulher, o ódio que sentia por si mesma continuava com ela. Desta vez ele tinha se manifestado nas dificuldades de relacionamento, na depressão e fadiga crônicas e até no distúrbio alimentar.

De tempos em tempos, Jade refletia sobre o impacto positivo da terapia de vidas passadas. As coisas estavam melhorando. Não sentia mais a dor no ombro que tinha aparecido quando ela viu pela primeira vez o relacionamento da vida passada. E, mais importante ainda, o coração de Jade estava mais leve. Ela o descrevera como um grande reservatório de emoções dolorosas e agora, pouco a pouco, estava ficando mais leve. O namorado tinha notado as mudanças e adorou o lado mais alegre que despertava em Jade. Uma noite ele lhe disse, "Agora você é a pessoa que eu sempre soube que era".

Além do amor cada vez maior pela vida, Jade estava se sentindo diferente. À medida que as emoções que a levaram à bulimia diminuíam de intensidade, ela se sentia mais livre para comer o que queria e da maneira que queria. O mesmo acontecia com relação à escolha de suas roupas e ao modo como gastava seu dinheiro. Tudo isso eram coisas que antes lhe causavam uma sensação de desconforto, como se houvesse sempre um olhar reprovador sobre ela. Isso não existia mais. A vida era sua e ela tinha o direito de aproveitá-la. Essas eram grandes oportunidades.

As coisas também estavam ficando melhores na área profissional. Jade estava agora trabalhando numa empresa de marketing, com pessoas que adoravam tê-la em sua equipe. O chefe lhe dissera que ela era superqualificada para o cargo e recomendou que se candidatasse a uma posição superior. Como Jade estava mais em paz consigo mesma, ela se relacionava com as outras pessoas de maneira mais harmoniosa. Os problemas no trabalho que descrevera no começo da terapia já faziam parte do passado.

Jade não sabia dizer exatamente quando as mudanças tinham acontecido, nem podia apontar uma sessão em particular que tivesse provocado essas mudanças, no entanto, ela se sentia diferente. O namorado tinha descrito isso de maneira perfeita: Jade tinha se transformado no seu verdadeiro eu.

4

MORTE NO CADAFALSO

David

David era um policial bem preparado de 27 anos, que fazia parte de uma equipe de resgate. No seu tempo livre, treinava artes marciais e estava orgulhoso por ter conquistado, pouco tempo antes, sua faixa preta em Aikido. Como não era um homem dado a facilidades, David tinha feito várias expedições de alpinismo no Himalaia e almejava enfrentar o monte Everest. Ele passava as férias liderando grupos de alpinistas adolescentes e excursões de bote em corredeiras. Às vezes sentia dores no pescoço, mas isso jamais o impediu de continuar com seu estilo de vida ativo.

    Numa noite no verão anterior, a unidade de David recebeu o chamado de um incêndio num prédio de apartamentos. O prédio era antigo e instável e a prioridade dos policiais era tirar os moradores dali o mais rápido possível. David estava ajudando uma família a se salvar quando uma parte do telhado desabou. Uma pesada viga caiu e o atingiu na nuca. A urgência da situação fez com que David não percebesse que estava ferido; porém, depois que todos estavam em segurança na calçada, a dor o pegou em cheio. Ela o manteve acordado durante a maior parte da noite e, pela manhã, estava insuportável.

Trabalhar estava fora de questão. O mais leve movimento da cabeça lhe causava pontadas de dor, e até se sentar por mais de um minuto lhe parecia insuportável. Para alguém que gostava de se exercitar diariamente, essa situação era extremamente frustrante. Passar vários dias deitado de costas não era a ideia que David tinha de diversão.

O médico diagnosticou uma hérnia de disco e mandou-o ao fisioterapeuta. Depois de sete longas semanas de descanso e sessões diárias de fisioterapia, contudo, o pescoço de David não tinha melhorado muito. Ele se sentia aborrecido e frustrado. Deveria haver um jeito mais rápido de se recuperar. O treinamento de Aikido o ensinara a sentir o fluxo sutil do *chi*, ou força vital, e mesmo antes do acidente ele já sentia um bloqueio energético no lugar onde machucara o pescoço. Ele se perguntava que tipo de estranha coincidência teria causado o ferimento no exato local do bloqueio.

Não era a primeira vez que David trabalhava com o conceito de espaço interior. Ele tinha feito vários cursos no passado e praticado a técnica várias vezes com outros estudantes. Reconheceu que ela oferecia a abordagem ideal para analisar a dor no pescoço de uma perspectiva diferente.

David se movimentava com rigidez quando se sentou para começar a sessão. Franziu a testa ao se acomodar cuidadosamente, de modo que não precisasse virar a cabeça.

Para David a pior coisa com relação à dor era a sensação de profundo desânimo que a acompanhava. Ele achava que isso era de se esperar, uma vez que mal conseguia se mover sem sentir dor. Surpreendeu-se ao ouvir outra explicação. As reações à dor eram subjetivas. Uma pessoa pode se sentir zangada, outra pode se preocupar e uma terceira pode tentar fugir da dor recorrendo ao álcool ou às drogas. David ficou intrigado. Ele nunca tinha pensado em questionar o que sentia. Podia haver mais por trás dessa dor do que ele imaginara.

Quando David se deitou e mergulhou em seu eu interior, a posição horizontal não provocou o alívio que geralmente provocava. Em vez disso o pescoço começou a doer mais. Ele podia jurar que sentia uma pressão na garganta, embora ninguém nem coisa alguma a tocasse. A sensação se intensificou a tal ponto que era como se ele tivesse uma corda no pescoço. David teve a impressão de que era alguém prestes a ser enforcado e a experiência começou a fluir.

David sentia-se no corpo de um adolescente, com uns 13 anos talvez, de pé sobre um cadafalso. O garoto chorava e tremia incontrolavelmente. Em alguns instantes ele estaria pendurado por uma corda, junto com os pais e o irmão mais velho. O rapaz não apenas estava petrificado como não fazia ideia do que fizera de errado.

Ao longo de algumas sessões, uma história veio à tona. O garoto morava com os pais e o irmão num rancho no meio do nada, onde trabalhavam duro para cultivar o solo árido das montanhas rochosas. Surgiu um conflito entre o pai do menino e alguns vizinhos latifundiários com relação aos direitos da família sobre as terras. Um dia os vizinhos vieram à propriedade e confrontaram o pai. Em meio à discussão, os ânimos se inflamaram e eles passaram a trocar ameaças. O pai do garoto era um homem simples. Não estava acostumado a brigar, mas depois disso começou a dormir com uma arma sob o travesseiro e a carregava consigo quando cavalgava pelo rancho.

Algumas semanas depois, vários oficiais em trajes escuros chegaram à casa e prenderam toda a família sob o pretexto de que eles haviam ocupado ilegalmente as terras. Eles foram algemados e levados a pé, amarrados a cavalos, até a cidade, que ficava a dois dias de viagem. Nessa noite eles pararam nas proximidades de um rio para dormir. O chão estava frio e duro e não havia nada para comer. O garoto não tinha ideia do que fizera de errado. Por que estavam sendo tratados como criminosos? Será que o pai tinha infringido a lei? Nenhum conforto foi dado pelos pais. Eles pareciam ainda mais apavorados do que ele.

Por volta do pôr do sol do segundo dia, eles chegaram à cidade. Em vez de receber uma explicação, a família foi trancafiada e mantida em reclusão. Alguém lhes trouxe comida e água, mas não se falou uma palavra sobre nenhum tipo de audiência ou julgamento.

À medida que contava sua provação, David parecia chocado com a passividade da família do garoto. Eles deixavam que os tratassem como animais. Não viam como lutar contra o sistema e simplesmente desistiram, aguardando seu destino e deixando que o menino enfrentasse o seu inferno pessoal.

Alguns dias depois a família aterrorizada foi levada ao cadafalso sem nenhum interrogatório ou julgamento. Um oficial leu as acusações e declarou os quatro culpados e condenados à morte por enforcamento. Ao ver os quatro laços preparados, o garoto foi tomado pelo terror. Em meio à pequena multidão que se aglomerou para assistir ao enforcamento, ele reconheceu os rostos dos homens que tinham começado todos os problemas. Completamente dominado pelas emoções, o menino oscilava entre o desânimo e o mais puro pânico. Por que essas pessoas o queriam morto? Ele não tinha feito nada contra eles.

O laço foi colocado em volta do seu pescoço e um burburinho de excitação se espalhou pela multidão. O garoto sentiu a corda sendo apertada contra sua garganta e ouviu o irmão mais velho soluçando ao seu lado. A plataforma de madeira desapareceu de sob os seus pés e ele caiu. Ouviu-se um horrível estalo quando seu pescoço se quebrou.

David de repente relaxou e a atmosfera da sala de terapia mudou. O pânico se foi e uma estranha combinação de emoções veio à tona. Ele tinha a sensação de flutuar no espaço. O pescoço do menino doía e ele ainda podia ouvir a multidão gritando e alguém chorando, mas tudo isso parecia acontecer num lugar distante. Estranhamente, ele não lutava mais para sorver o ar, embora se sentisse atordoado e seus pulmões queimassem por falta de oxigênio. Ele não sentia nada abaixo do pescoço. Podia perceber seu corpo morrendo de falta de ar, mas era como se ele não lhe pertencesse mais. Já era tarde para lutar ou para ter esperança. Ele se sentiu flutuando para longe do corpo.

Não havia nada de pacífico nessa partida. O garoto se sentiu numa estranha espécie de limbo. As sensações conhecidas do seu corpo tinham desaparecido. Sua mente vagava pelas imagens distorcidas dos últimos dias terríveis que tivera. Por fim, grato por se lembrar de algo familiar, o garoto voltou para as terras que conhecia tão bem. Às vezes elas eram quase como amigas para ele. A paisagem erma tinha partilhado seus pensamentos em muitas cavalgadas solitárias pelo rancho. Ele se deixou flutuar, com a consciência se expandindo pela paisagem, até que esta se desvaneceu e ele passou a vagar por um espaço vazio.

Depois de ver esse estranho limbo, David sentou-se e pensou sobre a sua vida presente. A resignação que ele sentiu como aquele garoto era bastante familiar. Quando as coisas ficavam muito difíceis, ele costumava se sentir como se estivesse desistindo e só esperando que seu destino se cumprisse.

Enfatizamos o fato de que a vida de David, até o momento, não indicava que ele fosse alguém de desistir facilmente. Mesmo quando a dor no pescoço o forçou a fazer uma pausa no seu ativo estilo de vida, ele passava horas fazendo sessões diárias de fisioterapia e exercícios de relaxamento. Não havia nenhum vestígio de apatia em seu caráter.

David concordou. Mesmo assim, ele muitas vezes se sentia uma vítima diante do que estava além do seu controle. A dor no pescoço o fazia se sentir assim, e o mesmo acontecia na sua vida profissional. No trabalho, seus superiores lhe diziam o que fazer, onde ele atuaria e quando tiraria folga. Como o garoto no cadafalso, David não podia fazer nada para mudar o sistema.

Com um suspiro, David descreveu o sentimento de desânimo que o acompanhava. Nada que fizesse para aliviar a dor ajudava e parecia que ele tinha perdido mais uma vez a namorada. Um pouco antes de se ferir ele tinha começado a sair com alguém, mas agora, quando ele telefonava, ela estava sempre ocupada. Sua vida amorosa também lhe causava desânimo.

Nas sessões seguintes, David voltou à cena no cadafalso. Quando o garoto percebia que estava prestes a morrer por algo que não fizera e sobre a qual não tinha controle, ele perdia as esperanças. À medida que deslizava para a morte, seu último pensamento lúcido era questionar o porquê de tanta injustiça. Com certeza não podia haver nada de bom num mundo onde coisas como aquela aconteciam.

David recapitulou a infância do menino. Não tinha sido muito alegre. David só viu dias intermináveis de trabalho. A mãe dele estava sempre reclamando e o pai parecia proteger o irmão mais velho. Não se ouvia muito riso naquela casa. O menino preferia passar os dias cavalgando pelas montanhas. O interessante era que, quanto mais David sentia a tristeza do menino, menos dor sentia no pescoço durante as sessões. Às vezes ele tinha noção das lágrimas escorrendo e a dor no pescoço quase sumia. Parecia que a maior parte da dor não tinha nenhuma relação com o pescoço, mas com a amargura do menino solitário.

Pedimos que David fosse para uma época em que o seu coração estivesse forte. De repente, ele estava em meio a uma vasta escuridão, como o espaço sideral, movendo-se muito rápido em direção à Terra. Ele estava se dirigindo para a sua nova vida. Não havia sinal de desânimo. Ele sentia uma sensação exultante de liberdade. Nada podia detê-lo. A plenitude e a alegria estavam a milhões de quilômetros do sentimento de desânimo que David sentia agora.

Ele aterrissou no útero de sua mãe daquela vida no rancho. A princípio, era amado e desejado. Seria uma vida boa. Mas então a irmã mais velha, ainda bebê, ficou doente e morreu. A mãe do menino ficou arrasada e se fechou. Com o coração partido, ela não foi capaz de dar amor ao filho em seu ventre. O garoto já nasceu carente de amor. Com o tempo a alegria dele foi diminuindo e seu coração foi ficando frio e apertado.

Quando David sentiu que seu eu do passado ansiava por amor, algo começou a despertar em seu coração. O espaço interior tornou-se brilhante e luminoso. Ele cercou David com compaixão e ele chorou lágrimas de alívio. O tempo pareceu parar. A sensação de luminosidade e calor ficou mais forte e David sentiu como se algo surgisse em seu coração, como um sol laranja flamejante. Ele irradiava a alegria e a plenitude que David tanto queria, mas seu peito ainda parecia muito apertado para deixá-lo brilhar.

Ao longo das sessões seguintes, o desânimo e a dor emocional voltaram a se manifestar. Cada vez ele sentia menos dor no coração. No final de cada sessão, o mesmo sol ardente no peito preenchia seu espaço interior, de modo ainda mais intenso. David tinha restabelecido a ligação com uma parte essencial de si mesmo, perdida havia tanto tempo: sua esperança.

Ao longo das semanas, a sua atitude de resignação diminuiu de maneira notável. Ele andava com um sorriso no rosto e uma postura mais confiante. Ainda tomava analgésicos para a dor, mas ela aos poucos diminuía. David, porém, não se conformava mais em viver as circunstâncias da maneira como se apresentavam e começou a fazer planos para mudar algumas coisas em sua vida. Começou a falar sobre novas opções de carreira que dariam mais espaço ao seu intelecto brilhante. Um dia ele anunciou que tinha decidido fazer um curso de programação de computadores. À medida que o desânimo diminuía, o mesmo acontecia com a dor no pescoço.

Logo David estava ocupado demais estudando para continuar a terapia. Além disso, ele tinha conhecido uma moça no curso de programação e estava ansioso para passar mais tempo com ela.

5

SAMSKARAS

O garoto tem 10 anos. Seu cachorro acabou de morrer e ninguém parece entender como ele se sente. Terrivelmente sozinho, ele chora a sua perda e chega a algumas conclusões infantis sobre a vida e a morte, o amor e a perda. Quais serão os efeitos desse acontecimento?

Talvez ele queira outro cachorro. Ele insiste em dizer que não ficará feliz enquanto seus pais não lhe derem outro – que precisa ser igualzinho ao que morreu. Insiste até que os pais concordam.

Ou ele pode ter a reação oposta. Perder o amigo de quatro patas foi tão doloroso que ele diz que nunca mais quer um cachorro. Em seu pranto, o menino de 10 anos decide que o único jeito de evitar outra perda como aquela é nunca mais gostar tanto de alguma coisa.

Em todo caso, a morte do querido animal de estimação terá efeitos duradouros. A impressão que ela deixa é chamada samskara – uma marca ou cicatriz na estrutura psicológica da pessoa. A samskara torna-se parte da pessoa, um dos muitos fatores que moldam sua personalidade.

"Samskara" é um termo muito usado do sânscrito, a antiga língua literária da Índia. Uma samskara é uma impressão psicológica criada por um acontecimento traumático ou, mais precisamente, intenso. O que cria uma samskara é a intensidade emocional.

A palavra "samskara" não tem um equivalente satisfatório em língua inglesa ou portuguesa. "Bloqueio emocional" não é a mesma coisa. Para descrever adequadamente o mecanismo seria necessário um termo mais preciso. Escolher a palavra certa não é só uma questão de tradução. Junto com qualquer palavra vem um conceito. Assim como "karma", "déjà-vu" ou qualquer outra palavra estrangeira adotada por falantes de língua inglesa, a palavra "samskara" transmite uma ideia que não existe na cultura americana.

Reflita novamente, então, sobre a perda sofrida pelo menino quando tinha 10 anos de idade. Posteriormente, quando os filhos dele começam a pedir um cachorro, como ele reagirá? A morte do seu amigo de infância pode não ser a primeira coisa que lhe ocorra, mas a samskara influenciará sua atitude. Ele dirá que os cães dão trabalho e aumentam as despesas. As crianças se apegam aos animais. Depois eles morrem e deixam todo mundo infeliz. Ele se recusa a atender ao pedido dos filhos, dizendo que não quer pelo pela casa toda. Se as crianças quiserem mesmo um animalzinho de estimação, poderão ter um peixinho dourado.

Imagine como seria mais profunda a samskara caso esse menino tivesse perdido a mãe aos 10 anos. O impacto seria desastroso. Mais tarde na vida, o sentimento de abandono provocado pela perda na infância o levaria a fazer amizade com figuras maternas. Ou a samskara pode fazer o oposto – criar uma desconfiança nas mulheres e abalar a autoconfiança. Em todo caso, a influência insidiosa da samskara se manifestará na vida da pessoa.

Jade descobriu as origens de uma samskara quando viu a mulher no porão, incapaz de proteger os filhos. Ela viu como tinha criado outra samskara durante a sua vida como uma mulher maltratada pelo marido. A princípio, a relevância dessas experiências de vidas passadas para os seus problemas do presente não parecia óbvia. Foram necessárias várias sessões para que o seu padrão de se manter afastada das outras pessoas ficasse claro para ela e as coisas começassem a mudar.

Seja qual for o trauma, o mecanismo essencial é o mesmo. O acontecimento cria uma impressão (samskara) que condiciona as atitudes e o comportamento de uma pessoa.

Para ser mais precisa, a samskara é criada não pelo acontecimento em si, mas pelo modo como a pessoa reage a ele. Como os seres humanos não são idênticos, o mesmo acontecimento pode afetar as pessoas de maneira diferente. Uma pode chorar, outra pode gritar, enquanto uma terceira pode não sentir nada. As crianças pequenas são particularmente impressionáveis e podem ser profundamente afetadas por traumas relativamente leves, como o de serem deixadas sozinhas para chorar em um lugar assustador.

꒰ঌ

Depois de criada, a samskara continua a influenciar as emoções e o comportamento da pessoa indefinidamente. Isso acontece mesmo que ela não se lembre do acontecimento que a provocou. Dependendo da intensidade da emoção, os efeitos de uma samskara podem ser profundos e ter longo alcance.

No caso de Jade, o desconforto que sentia perto do seu colega "inconstante" parecia não ter grandes consequências. Não estava afetando seu trabalho e ela nunca pensou em questioná-lo. O mesmo acontecia com os seus medos de infância, que ela ainda não tinha esquecido. No entanto, tão logo Jade viu a samskara da vida passada, tornou-se claro que suas reações emocionais representavam algo muito maior. Elas indicavam um padrão profundamente arraigado de desconfiança e retraimento que estava bloqueando Jade na vida. Para mudar o padrão negativo, Jade primeiro precisou descobrir de onde ele vinha. Ela precisou ver a razão da samskara.

Depois que Jade fez algumas sessões sobre essa samskara, ela viu seu colega de trabalho com novos olhos. O que antes ela interpretara como dissimulação agora lhe parecia mais insegurança. Na verdade, Jade queria saber como alguém tão inofensivo podia ter parecido ameaçador aos seus olhos.

Para David, a samskara causada pelo fato de ser enforcado quando ainda era uma criança inocente ficara latente a maior parte do tempo. No entanto, quando ele se via em situações que estavam além do seu controle, a samskara era desencadeada e o sentimento de desamparo do menino vinha à tona.

Por que o ato de reviver um trauma desencadeia a cura?

Para algumas pessoas, a ideia de reviver emoções de dor, medo ou confronto parece loucura. Não seria melhor manter essas emoções enterradas no passado? Pelo contrário, os traumas podem ser enterrados, mas isso nunca garante que sejam esquecidos. Seus efeitos ficam muito vivos no presente. Mesmo quando as samskaras estão muito bem escondidas, seus sinais parecem ao longo de toda a vida da pessoa.

Não é sempre fácil trazer à tona antigas emoções; contudo, quando elas são enfim liberadas, a sensação de alívio é enorme. Algumas pessoas a comparam com o sentimento de sair de uma prisão ou com o sol surgindo depois da chuva. A longo prazo, sentir a dor causada por uma samskara reprimida é muito menos prejudicial do que mantê-la enterrada dentro de nós.

As samskaras criam um emaranhado emocional que nos tira a lucidez e interfere no livre-arbítrio. A maioria das pessoas não é capaz de escolher se quer ficar triste, feliz, zangada ou entusiasmada. Elas vivem à mercê dos seus estados de espírito e atitudes inconstantes. Reprimir reações e emoções não adianta nada, só ajuda a enterrá-las cada vez mais fundo. Enquanto existirem as samskaras, a atmosfera emocional criada por elas estará sempre presente nos bastidores.

As preferências e aversões das pessoas, suas atitudes e traços de personalidade, até mesmo seus problemas de saúde podem ter raízes em samskaras. Com a solução de cada uma das principais samskaras, as pessoas chegam mais perto de serem os seres humanos livres que deveriam ser.

6

UM FRIO INÍCIO DE VIDA

Sally

Sally era executiva de uma financeira. Ela sempre trabalhara com empenho e, aos 43 anos, seu estilo de vida era uma prova disso. Adorava o respeito que os colegas tinham por ela e trabalhava num escritório de prestígio liderando a própria equipe. A sua casa era espaçosa e confortável, ela dirigia um carro de luxo e, quando viajava, ficava nos melhores hotéis. A sua vida emocional, por outro lado, não ia tão bem assim.

Desde o final do seu último relacionamento, três anos antes, Sally tinha desenvolvido vários tipos de fobia. Alguns meses depois do rompimento, tinha começado a se sentir ansiosa e a entrar em pânico em locais fechados ou cheios de gente. Elevadores e trens lhe pareciam tão opressivos que o trajeto entre a sua casa e o trabalho se tornara um pesadelo. Como seus medos não diminuíam, Sally fez sessões de hipnose e também tomou uma combinação de essências florais. Ela ficou aliviada quando viu que a claustrofobia e o medo de multidões tinham desaparecido em questão de semanas.

Pouco depois disso, Sally passou a ficar aterrorizada cada vez que via facas afiadas, e dessa vez o medo era mais intenso. Sally sabia que era irracional, mas não conseguia fazer nada a respeito. Ela tentou evitar o problema guardando as facas de cozinha num armário alto e comprando apenas alimentos que não precisavam ser cortados. Mas isso não era solução e Sally tinha receio de que, se conseguisse se livrar da fobia de facas do mesmo modo que se livrara da claustrofobia, poderia começar a sentir algo pior. Ela precisava de uma abordagem diferente, sem ter que passar anos numa terapia. Será que tinha, de algum modo, despertado um antigo trauma envolvendo facas? A terapia de vidas passadas parecia interessante e Sally decidiu tentar.

Com seu elegante cabelo louro e seu caro terninho de executiva, Sally parecia uma pessoa equilibrada, não alguém dominado pelo medo. Quando bebeu um gole de água, ela não deixou nem a marca do batom na borda. Sally estava acostumada a ter o controle das coisas e achava muito irritante perder o equilíbrio à mera visão de uma faca na gaveta.

As fobias tinham começado depois do fim do seu relacionamento. Quando lhe perguntamos sobre a sua vida amorosa, Sally fez uma expressão de desagrado. Todos os três relacionamentos mais longos tinham acabado muito mal, especialmente o último. Desde então, Sally nem ousava mais olhar para um homem; em vez disso, atirou-se de cabeça no trabalho, área em que ela sabia como as coisas funcionavam. O mundo dos negócios podia ter seus altos e baixos, mas para Sally ele não era nada em comparação com os problemas enfrentados na sua vida amorosa.

Sally era uma mulher capaz, acostumada a estar no controle. Agora, para aproveitar ao máximo suas sessões, ela teria que aprender uma nova atitude. Pedimos que ela deixasse de lado qualquer ideia ou expectativa e ficasse aberta a tudo que viesse à tona durante a terapia. Fazer isso da maneira a que estava acostumada não funcionaria. Desta vez ela teria de ficar receptiva a qualquer coisa que viesse.

No início da sessão, Sally foi conduzida ao seu espaço interior, onde o estado internalizado de consciência lhe permitiria ver coisas normalmente enterradas em seu subconsciente. Depois de um tempo, Sally começou a sentir frio e logo estava batendo os dentes, como se tivesse gelo nos pulmões. Ela tremia, apesar da temperatura amena. Levamos Sally a fazer uma retrospectiva até a época em que o frio começara. A sensação foi ficando mais forte e logo ela teve a sensação de que era um bebê. Estava deitada de costas, nua e sozinha. Ao seu redor só havia as paredes brancas de uma ala de hospital.

Sally sentiu-se estranha no seu corpo de bebê. Ele era pequeno e macio. Seus braços e pernas não respondiam aos seus comandos. Sua mente era diferente. Não estava ocupada com pensamentos, mas cheia de uma consciência mais periférica, que recebia múltiplas sensações e impressões. No fundo, havia o sentimento incômodo de que algo estava faltando.

O bebê Sally queria muito ser tocado, queria que alguém o envolvesse num cálido abraço. O corpinho estava descoberto e um vento frio soprava sobre a sua pele nua. Dentro da mãe ela sempre esteve aquecida. Agora tudo era frio, muito frio.

Sally tinha nascido prematura e passado as primeiras quatro semanas de vida numa unidade de terapia intensiva para recém-nascidos. Depois do calor envolvente do útero, a ala neonatal do hospital público representava um início de vida gélido e solitário. As enfermeiras raramente a tocavam ou falavam com ela. Nenhuma delas a tratava como um ser humano de verdade, com suas próprias necessidades e emoções.

Sally tremia na sessão e, embora estivesse coberta com um pesado cobertor, ainda assim batia os dentes. O bebê Sally ansiava pela mãe. Por que ela não vinha? Talvez ela não o quisesse. Por que ela estava naquela fria caixa de vidro? Não havia calor humano ali, só um frio glacial que parecia não acabar nunca.

Sally foi levada a recuar um pouco mais no tempo, até o período em que estava no útero da mãe. Ela rapidamente relaxou e um sorriso de contentamento apareceu no seu rosto. Dentro do útero havia uma sensação maravilhosa de proteção. A presença da mãe a cercava com seu amor. Era a esse lugar que ela pertencia, mergulhada no calor do corpo materno, segura e protegida do mundo. Sally não tinha pressa nenhuma em sair dali.

Durante a gravidez, a mãe de Sally ficou várias vezes doente e precisou ficar de repouso na cama. Uma vez teve de passar uma semana no hospital. Na condição de feto, Sally não entendia essas coisas intelectualmente, mas podia sentir que a mãe não estava bem e sabia instintivamente que era por sua causa. A mãe não podia esperar que a gravidez chegasse a termo, e Sally sentia o peso da responsabilidade. Talvez ela não pertencesse àquele lugar, no final das contas. Ela não via a hora de ir para casa.

Ao sentir isso, a adulta Sally fez uma pausa. O sentimento de saudade de casa era muito forte. Mas a que "casa" se referia? Pedimos que Sally fosse mais fundo no sentimento de casa. Aquilo era fácil. Seguindo o sentimento de saudade, Sally voltou para um tempo anterior ao útero, quando estava num espaço escuro e brilhante. O frio tinha passado e um tom dourado suave permeava a escuridão. A linda luminosidade era cálida e amorosa. Sally mal podia acreditar. Ela dominava o espaço interior, dando a tudo uma brilhante tonalidade dourada. Sally estava fascinada. Ela se deixou envolver pela luz, fazendo com que ela se espalhasse pelo seu coração, e sentiu sua calidez líquida dissipar a sensação de frio.

Depois da sessão, Sally sentou-se com um sorriso pueril no rosto. Não tinha sido como ela esperava. Nenhuma faca, nenhuma fobia, nenhuma vida passada. Mas aquele dourado... ela nunca tinha visto nada igual. O que seria? O que significava? Como ela poderia voltar a vê-lo?

Um dos melhores aspectos de ser conector é ver coisas assim acontecerem. Uma sessão começa com a busca da origem de um problema e nos leva a descobrir um tesouro.

O dourado tinha causado uma sensação de cura a Sally, e seu problema tinha sido elucidado. Estava claro que, com mais algumas sessões como aquela, o medo de Sally diminuiria naturalmente. Mas ela ainda estava curiosa sobre a fobia de facas.

Explicamos que o medo muitas vezes é um problema falso. Embora o medo em si seja muito real, tentar curá-lo ou se livrar dele buscando o trauma que o causou nem sempre dá resultado. No caso de Sally, parecia claro que o medo devia-se à falta de ligação consigo mesma. Se isso fosse tratado, o medo desapareceria, como gelo sob o sol.

Quando chegou para a sessão seguinte, Sally estava sorrindo. Tivera uma ótima semana. O dia todo, no trabalho, ela se lembrara do ouro líquido e isso lhe dera vontade de sorrir. A preocupação com as facas de repente lhe pareceu absurda, embora Sally soubesse que não tinha se curado da fobia. No dia anterior ela tinha se sentido suficientemente confiante para buscar uma faquinha de legumes afiada no armário, mas no último momento não conseguira. Irracional ou não, o medo de facas ainda era um problema.

Sally falou um pouco sobre o dourado. O sentimento que ele evocou trazia-lhe lembranças de quando era adolescente. Ela tinha crescido numa cidadezinha à beira-mar e adorava a hora mágica do alvorecer na praia. Ela costumava se sentar nas dunas de areia e olhar o horizonte enquanto as cores mudavam seus matizes sobre a água. Às vezes ela escrevia poesias. Os relacionamentos não eram um problema naquela época, ela tinha seu nascer do sol e seus poemas. O sentimento de bem-estar era forte.

A sessão começou com a lembrança do sentimento do dourado. Logo Sally viu um campo de trigo maduro e sentiu-se como uma jovem, talvez de 15 anos de idade. Era um dia quente e ensolarado e a garota estava deitada de costas no meio do campo de trigo. Ninguém podia vê-la, só os insetos e pássaros. À distância, ela ouvia os sons dos trabalhadores da fazenda chamando uns aos outros enquanto trabalhavam. Ela vivia despreocupada e cercada de amor.

A garota, que era Sally numa vida passada, morava com os pais numa pequena comunidade rural onde todas as famílias ajudavam-se mutuamente na agricultura e comercialização dos produtos no mercado. A garota sabia que era diferente das outras pessoas. Embora não tardasse em ser uma mulher, tinha um corpo rechonchudo e um rostinho de criança, com olhos que pareciam sempre sorrir. Ela não ia à escola nem trabalhava na fazenda. Sabia que não era inteligente como as outras pessoas. Para ela, não havia responsabilidades, só dias inteiros dedicados à brincadeira em meio à natureza, perdida em seu próprio mundo. Ela sabia que a mãe e o pai a amavam. Para eles, ela era uma criança alegre que nunca iria crescer. Sua natureza inocente era uma dádiva do céu.

Os trabalhadores da fazenda acenavam para a menina em seus passeios. Nas tardes de verão ela adorava se deitar em meio ao trigo maduro e observar as nuvens mudando de forma, enquanto vagavam pelo céu. Ficava horas absorta, estudando uma lagarta tecer seu casulo. A vida era segura, cheia de amor e de uma felicidade exuberante. A jovem que era o eu passado de Sally sabia que as outras pessoas não sentiam a mesma felicidade. Era uma pena que elas nunca entendessem o seu mundo. Ela sabia que era abençoada.

Na sessão seguinte, Sally se viu na mesma vida anos depois. Desta vez a menina estava casada com um peão da fazenda muito gentil, que a amava e protegia. Ele não se importava que ela não fosse inteligente. Para o homem, sua mulher era um tipo de espírito mágico da natureza. Ele não esperava que ela fosse igual a todo mundo. Simplesmente adorava estar perto do seu sorriso e sentir a felicidade dela.

Ela o amava também do seu jeito inocente; no entanto, a sua maior felicidade era estar em meio à natureza. Ela ouvia o canto dos pássaros e o vento nas árvores, enquanto contavam seus segredos sem palavras. Não havia muitas pessoas que podiam ouvi-los como ela, por isso os campos e florestas lhe transmitiam a sua sabedoria. Para a garota, aquele era um mundo de harmonia simples e tudo nele fazia parte da dança da natureza.

Depois disso, Sally fez várias outras sessões, nas quais voltou ao berço frio do hospital e à vida da garota novamente. Toda sessão começava com a sensação de frio e acabava com o sentimento de ser profundamente amada e nutrida pela natureza.

Essas experiências tocaram Sally profundamente, mas ela tinha dificuldade para integrá-las à situação presente. Viver no campo e escrever poesia na praia não eram a resposta para seu atual dilema. Sally queria encontrar paz e bem-estar *dentro* de si. Ela se matriculou num curso de meditação e começou a se levantar mais cedo pela manhã para meditar. Logo Sally notou que começar o dia assim fazia com que ela se sentisse muito bem. Um aspecto negligenciado do seu ser estava recebendo atenção outra vez. Ela se sentia mais centrada agora do que se sentira durante anos. Havia também uma sensação cada vez maior de se sentir no lugar certo: um conhecimento sutil do seu lugar na criação.

Nas sessões de Sally, em nenhuma ocasião os traumas envolvendo facas ou espaços fechados vieram à tona e, mesmo assim, os medos começaram aos poucos a diminuir. Ela estava mais feliz e parecia dez anos mais jovem. Um dia, ela tirou as facas de cozinha do seu esconderijo e teve certeza de que estava curada. Não havia mais fobias. Depois que tinha descoberto uma fonte de bem-estar dentro de si, sua ansiedade tinha simplesmente desaparecido.

Sally refletiu sobre a sua jornada, desde a primeira sessão. As fobias não tinham sido um problema "real", mas um sinal de que precisava cavar mais fundo. Embora fosse uma pessoa sensível, com uma inclinação natural para a introspecção, Sally não tinha percebido o quanto estava distante da sua vida interior, até descobrir a terapia de vidas passadas.

Além desses benefícios, houve outro resultado que Sally não tinha esperado. Ela estava menos receosa de ser ferida pelos outros. Então decidiu que era hora de encontrar um homem interessante.

No final, o medo de facas de Sally não tinha nada a ver com facas de fato, mas com a falta de harmonia interior. Depois que ela começou a mudar, as fobias de Sally se dissiparam e ela descobriu uma nova liberdade na vida.

7

MORTE NO PICADEIRO
Teena

Teena estava num grande dilema. Artista gráfica talentosa de um estúdio de cinema de desenhos animados, ela tinha acabado de ganhar uma ótima promoção. O novo cargo era o sonho de Teena e lhe daria a chance de mostrar tudo o que sabia no trabalho. O único problema era que o cargo era em outra cidade, a muitas horas de voo, e Teena não queria se mudar.

Ela tinha acabado de se mudar para a casa de Kurt, seu parceiro há três anos. Ela o amava e esperava que tivessem um longo futuro juntos. No entanto, Kurt, um engenheiro civil, tinha acabado de assinar um contrato para fazer o projeto da construção de uma ponte, prevista para ficar pronta dali a dois anos. Teena estava diante de uma escolha impossível: recusar um cargo que era o sonho da sua vida ou investir num relacionamento a longa distância. Como saberia se ela e Kurt ainda seriam tão próximos dali a dois anos? Ela estava num dilema entre o amor pelo parceiro e o seu trabalho criativo. Tudo o que ela queria era não ter que fazer essa escolha. Estava triste e confusa.

Numa das sessões da ISIS, Teena se viu sentada sobre um monte de serragem, numa tenda de circo vazia, chorando enquanto embalava nos braços o corpo sem vida de seu amado. Ele tinha caído enquanto ensaiavam um número circense.

À medida que Teena mergulhava mais fundo na experiência, ela viu que era tarde da noite. Os dois trapezistas tinham estado na plataforma mais alta, praticando um novo movimento bastante ousado. Mas o homem tinha deixado escapar o trapézio no momento crucial e, horrorizada, o eu passado de Teena observou o corpo do parceiro se chocar contra uma pilha de equipamentos. Ele já estava quase morto quando ela se aproximou. Não conseguia falar, mas seus olhos encontraram os dela.

Tudo ficou em silêncio. Mesmo em meio ao desespero, a jovem se sentiu estranhamente em paz. Ela continuou olhando nos olhos do amado até que a vida se esvaiu do seu corpo. Os últimos e preciosos momentos pareceram durar para sempre. Então ele se foi. Ela permaneceu com ele, embalando-o nos braços e chorando. Foi a noite mais longa e sombria da sua vida; no entanto, ela não queria que ela terminasse.

Teena também chorava, sentindo tudo o que seu eu passado vivera. Seu braço esquerdo doía, assim como o braço da trapezista tinha doído ao tentar sustentar o peso do corpo do namorado.

Ao alvorecer, a trupe circense encontrou a jovem sentada com seu parceiro morto. Embora ela garantisse que não estava ferida, no fundo estava devastada. Tudo parecia estranho e distante. Algum tempo depois que os amigos levaram o corpo dele – ela não sabia quanto – ela se levantou e saiu lentamente da tenda. Não hesitou nem olhou para trás. Naquele momento ela desistiu da sua carreira no circo, mas nunca mais se recuperou do impacto daquela noite terrível.

Teena sentia o choque da jovem trapezista. Ela havia perdido tudo o que era importante. Os anos com o seu amado parceiro não tinham sido muitos, mas foram cheios de aventura. Desde o primeiro momento foi como se eles já se conhecessem há anos. Quando estava viajando pelo país com o circo, o casal encantava a plateia com sua habilidade e números de tirar o fôlego. O amor que sentiam um pelo outro os tornara invencíveis. Seu desempenho os fizera brilhar e seu número era o mais aplaudido no circo. Ela era sua amada. Ele era o centro do seu mundo. Inspirada pelo amor, a criatividade dela nunca tinha fim. Ela desenhava figurinos, compunha músicas, criava coreografias de dança para cada número e inventava muitos movimentos novos no trapézio para entreter o público.

Agora, tudo tinha mudado. A vida no circo levara à tragédia e à tristeza. A trapezista decidiu que o risco e o perigo não fariam mais parte da sua vida. Ela não queria jamais enfrentar algo parecido.

A trapezista tomou um trem para a cidade mais afastada possível de tudo o que conhecia, só não sabia como deixar para trás a tristeza e a culpa devastadoras que a acompanhavam. Ninguém a culpou pelo acidente, mas ela se sentia responsável. Afinal, eles estavam praticando mais uma de suas ideias mirabolantes e cada vez mais arriscadas.

A crença da jovem em si mesma estava profundamente abalada. Seu amado estava morto, assassinado pela sua criatividade. A ambição e o sucesso de repente pareceram um tipo de ganância que tinha destruído o que ela mais amava.

O eu passado de Teena abandonou não só a sua vida no circo, mas também a carreira artística. Sua vida podia muito bem ter acabado. Daquele momento em diante ela só viveria à espera da morte.

Em seguida, Teena viu a jovem trapezista alguns anos depois, morando numa cidadezinha nas montanhas, num país estrangeiro, onde ninguém sabia da sua carreira circense. Sua paixão pela vida não existia mais. Em todo lugar ela via o mesmo vazio perpétuo. O vazio existia no seu íntimo, pois ela tinha renunciado a uma parte de si mesma.

A vida na cidadezinha era bastante simples. Ninguém falava a língua dela e não havia nada que despertasse suas lembranças. A princípio, ela fez algumas tentativas de compor músicas, mas isso a deixou tão triste que ela acabou desistindo. Ela tentava não pensar em nada que a fizesse se lembrar do seu antigo eu.

Foi fácil para Teena sentir a ligação entre a sua vida de trapezista e a sua situação atual. A primeira tinha seguido a sua paixão e perdido o seu amor. Agora Teena sofria as mesmas consequências por seguir a sua carreira. Não parecia haver espaço em sua vida para a arte e o amor simultaneamente.

Teena explicou que não era a primeira vez que enfrentava esse dilema. Aos 18 anos, ela tinha se atirado de cabeça num curso de artes gráficas. Seu namorado na época a acusara de se dedicar mais aos estudos do que ao namoro e a trocou por outra garota. Entristecida, as suas notas despencaram. Depois disso, ela se dedicou ainda mais aos estudos e não se entregou totalmente a mais ninguém.

Teena não havia entendido isso muito bem antes, mas ela sempre sentiu um conflito entre a vida amorosa e a liberdade para seguir seus impulsos criativos. Ela estava sempre às voltas com o sentimento desconfortável de que sua arte era um jeito extravagante de ganhar a vida e alguém podia se machucar por causa disso. Teena sabia que isso não era racional, mas esse sentimento ainda inibia sua criatividade e impedia que ela se aproximasse de qualquer pessoa. O fato de se sentir dividida entre o amor e a criatividade impedia que ela tivesse qualquer uma dessas coisas plenamente.

Parecia que a trapezista vivera tão centrada no parceiro que não sabia ser feliz sem ele. Quando perguntamos a

Teena se ela conseguia ver alguma semelhança entre os seus eus do passado e do presente, ela fez uma careta e disse que sim. Desde o seu primeiro namorado, ela tinha tanta cautela para não ficar dependente de um parceiro que dava a impressão de não precisar de ninguém. Qualquer tensão que surgisse entre ela e Kurt fazia com que ficasse silenciosa e retraída. Por sorte, Kurt era paciente com Teena quando ela estava nesse estado de ânimo. Ela gostaria de ser mais aberta com ele, mas honestamente não sabia como.

Além do mais, em todos os relacionamentos Teena era assombrada por um pensamento pessimista: se o amor de sua vida a deixasse ou morresse, ela ficaria inconsolável e não suportaria. Por isso cultivava com cuidado sua independência e tinha orgulho de nunca ser ciumenta ou possessiva. Ela percebia que isso não era um sinal de maturidade, mas de que estava desinteressada demais para sentir ciúme.

Teena observou seu estado de espírito durante uma semana, depois dessa sessão. Havia noites em que ficava sozinha e sentia a melancolia da trapezista. Apesar da tristeza, tinha a sensação de que estava restabelecendo a ligação com uma parte profunda de si mesma. Era uma parte dela que conhecia essa dor e, depois de passar pelo pior, não tinha mais medo. Essa dor fazia com que se sentisse mais próxima do seu eu de verdade do que jamais estivera em sua independência.

Quando Teena chegou para a sessão seguinte, a tristeza do eu passado estava mais próxima da superfície. Depois de observá-la durante a semana toda, ficou mais fácil chorar e simplesmente deixá-la ir. Desta vez a sessão terminou com uma linda experiência. Teena estava sentindo a dor da trapezista e chorando. Estava tão mergulhada no seu eu passado que nem saberia dizer qual Teena era mais real. Então o espaço pareceu se ampliar, como um céu noturno. Teena se sentiu em outro tempo: duas personalidades com uma alma e um futuro. Ela percebeu um silêncio mais denso e tangível do que jamais tinha percebido. Ele se espalhou pelo seu espaço interior como um lago silencioso. A respiração de Teena ficou quase imperceptível. Até o diálogo mental costumeiro se calou.

Teena estava tão imersa na experiência do seu condoído eu do passado, que criou uma ponte através do tempo. Uma cura se efetuava. Era hora de Teena reivindicar a parte de si que havia se fechado tanto tempo atrás.

Deitada ali em meio à calma e o silêncio, Teena sentiu um tipo de luz emergindo das profundezas do seu ser. Era como uma parte essencial da sua alma voltando à vida. A alegria inundou o espaço e purificou tudo com a sua luz. Ela sentiu que centenas de anos de fardo emocional lhe eram retirados dos ombros. Quando se sentou, seus olhos brilhavam.

Depois disso, Teena ficou tão empolgada que fez mais cinco sessões em apenas duas semanas. Em cada sessão ela viu o mesmo padrão: seguir sua criatividade e perder o seu amor por causa disso. A sua vida atual não era exceção.

Teena se viu num beco sem saída. Ela não confiava no seu lado artístico porque temia que ele a distanciasse das pessoas que amava; no entanto não conseguia viver sem a sua criatividade. Ela muitas vezes se ressentia deles porque achava que eram eles que a forçavam a fazer uma escolha. Teena agora percebia que seu dilema era o resultado de sua própria visão distorcida. Ela vinha encenando a sua samskara há muitas vidas. Finalmente sentia que estava se libertando desse padrão negativo.

Várias semanas depois da última sessão de Teena, ela nos enviou uma mensagem. Tinha aceitado o cargo em outra cidade e negociado suas horas de trabalho de tal modo que poderia ver Kurt a cada quinze dias. Ele estava tentando fazer o mesmo para poder visitá-la em semanas alternadas. Teena estava encontrando um novo nível de confiança e abertura com Kurt e, além do mais, isso estava lhe inspirando muitas histórias e projetos criativos. Teena estava descobrindo que o amor, longe de ser um bloqueio à criatividade, poderia ser sua inspiração.

8

GANHANDO A VIDA NO RINGUE

Eric

O homem de voz macia ao telefone perguntou educadamente se precisava ter um problema para conhecer suas vidas passadas ou se bastava ter curiosidade.

Eric já queria fazer terapia de vidas passadas há algum tempo, mas ficara apreensivo ao pensar no que poderia ver. Ele tinha certeza de que conhecer o passado o ajudaria a viver melhor no presente, mas suspeitava que podia descobrir coisas de que não iria gostar. Depois de hesitar por alguns meses, acabou decidindo que, se havia demônios dentro de si, ele preferia conhecê-los. Pelo menos assim ele saberia quem eram.

Quando Eric se deitou em silêncio no seu espaço interior, na primeira sessão, logo ficou claro que havia uma violenta intensidade dentro dele. Era algo que ficava completamente escondido por trás de suas maneiras cavalheirescas. Sendo um homem de constituição pequena e sorriso tímido, era difícil acreditar que Eric trabalhava no mundo selvagem da especulação imobiliária. Ele investia em imóveis desde que era adolescente e, quando fez 20 anos, já tinha ganhado – e perdido – o seu primeiro milhão. Apesar do seu jeito hesitante, era óbvio que, quando se tratava de negócios, Eric era um predador. No entanto, independentemente das coisas irem bem ou mal, Eric vivia preocupado. Nos negócios e na vida privada, ele vivia atormentado pela ansiedade.

Não havia nada na história de vida de Eric que sugerisse que ele fora fisicamente violento, no entanto era fácil sentir nele uma força capaz de sacudir uma pequena nação. Não havia dúvida de que ele ficava nervoso ao ver isso. No entanto, se quisesse descobrir alguma coisa a seu respeito, teria que entrar em contato com essa violência.

Eric não precisou ir muito longe para descobrir. Quando mergulhou no seu espaço interior, ele começou a sentir como se seu corpo estivesse em boa forma e cheio de músculos. Ocorreram-lhe impressões de um lugar quente e empoeirado que cheirava a suor. Uma luz forte brilhava sobre ele e, ao seu redor, havia uma penumbra invadida por um burburinho. Ele estava num ringue de boxe, lutando.

O boxeador era um homem corpulento, com um maxilar quadrado. Ele vivia do boxe, mas também lutaria só por esporte. Seu temperamento belicoso fazia com que fosse um dos melhores lutadores no lugar. Era perigoso e seus oponentes sabiam disso. Se quisesse, ele poderia matar qualquer um deles.

No início, o boxeador não lutava com tanta agressividade; ele competia por puro prazer. Então alguma coisa mudou e o ringue de boxe passou a ser a arena onde ele descarregava a tensão que sempre sentia dentro de si. Ao ver isso, Eric sentiu uma pontada no coração e uma onda de tristeza vinda do seu eu do passado. O boxeador tinha perdido alguém muito querido. Foi depois disso que ele começou a lutar a sério.

O jovem boxeador morava numa cidade portuária barulhenta, com a mulher e o filho. Ele amava a esposa, de pele morena e grandes olhos escuros que não cansavam de fitá-lo. Ela tinha morrido ao dar à luz o segundo filho e o bebê falecera logo depois, deixando o boxeador sozinho com o filho pequeno.

Eric viu uma cidade colorida na América Latina. As ruas poeirentas e abarrotadas eram ladeadas por casas de madeira e bancas que vendiam pão e milho. O boxeador tinha chegado à cidade alguns anos antes para trabalhar nas docas e deixado o pai e os irmãos na fazenda da família.

Nos dias que se seguiram à morte da mulher, ele caminhava desolado pelas ruas cheias de gente, puxando o filho pela mão, sem ter aonde ir. O que faria sem a esposa? Não fazia ideia. Ele amava o filho, mas não sabia como cuidar de uma criança. Sem a família por perto, o jovem boxeador não sabia a quem recorrer. Ele estava zangado, com nada em particular, ou com tudo – ele não sabia. Não havia a quem culpar. Se pelo menos o barulho da cidade se aquietasse e o deixasse pensar.

Depois de um tempo, as coisas entraram nos eixos. Alguns bons amigos convidaram pai e filho para se mudarem para a casa deles. Era um bom lar, mas o boxeador sentia falta da esposa. Ele começou se dedicar cada vez mais ao boxe e treinava toda noite até ficar cansado o suficiente para poder dormir.

Agora ele queria ser o melhor e lutava com raiva, ferindo ainda mais os oponentes. As lutas de boxe eram o único momento em que ele não se sentia sozinho. Ele se demitiu do seu trabalho extenuante no porto para ter mais tempo para o boxe.

As competições, que eram ilegais, aconteciam nas docas, num enorme armazém que tinha um cheiro perpétuo de bananas maduras e suor. No ringue, estimulado pelas multidões de torcedores, o boxeador ficava totalmente concentrado. Não havia regras. Os oponentes simplesmente lutavam até que o primeiro caísse e não conseguisse mais se levantar. O árbitro só fazia o suficiente para que eles não se matassem. Contanto que ninguém se ferisse gravemente, a polícia não interferia. Os torcedores apostavam nos lutadores e às vezes ganhavam muito dinheiro.

Eric sentia seu eu do passado no ringue de boxe, totalmente concentrado. Por esse curto espaço de tempo, seu mundo não ia além daquele pequeno quadrado delimitado por cordas e um adversário à sua frente. Não sentia mais a tristeza que o despertava regularmente com sonhos envolvendo a esposa, como se ela ainda dormisse ao seu lado na cama. Sua raiva fez com que ele ficasse mais forte. Todo o resto perdeu a importância. Isso era o que havia de mais próximo à liberdade.

Por um tempo, a vida não foi ruim. O boxeador se tornou mais estratégico no seu estilo de lutar, diminuiu o ritmo e aprendeu a esperar o momento certo de atacar. Ele sabia o que fazer até o homem mais forte ir a nocaute, usando uma série de movimentos surpreendentes e assim ganhou a reputação de vencedor. As multidões e os prêmios ficaram cada vez maiores.

Os anos se passaram, sem que o boxeador pensasse em mais nada que não fosse a luta seguinte. Ele mal notava que estava envelhecendo e que seu filho já era um rapaz. Eric gostava de ser boxeador. A vida era difícil, mas simples. Ele só treinava e lutava. Amava o filho, ria com seus amigos. Essa vida não exigia muita reflexão.

De tempos em tempos, o filho perguntava sobre os avós, tios e primos, e implorava para conhecê-los. O boxeador prometia que eles fariam a viagem juntos, mas sempre havia um empecilho que a protelava: o treinamento para a grande luta seguinte ou a recuperação de um ferimento não tão leve.

Então um dia o boxeador recebeu a notícia de que o pai tinha morrido. Entristecido, ele desejou ter visto o pai mais uma vez antes de ele morrer. Agora o seu filho adolescente nunca conheceria o avô. Era hora de ele conhecer o resto da família antes que fosse tarde demais.

Pai e filho fizeram a longa viagem até a fazenda da família. Era época da colheita e o boxeador sabia que os irmãos iriam gostar de uma ajuda extra. Além disso, ele estava ficando velho e sabia que não lutaria para sempre. Talvez fosse hora de mudar de vida e voltar para o campo e o ar livre.

Depois que o funeral chegou ao fim e a rotina da fazenda foi restabelecida, o boxeador começou a ficar inquieto. Tudo era calmo demais quando comparado ao burburinho da cidade. Ele se lembrou da razão por que tinha deixado a fazenda na juventude. Nada de interessante acontecia naquele lugar. Ele pensava na exuberância da cidade, onde à noite o ar se enchia com o aroma de comida e o som da música que vinha de cada janela e toda semana havia uma novidade para comentar.

Sem o ringue de boxe onde extravasar suas frustrações, o homem ficou irritadiço e agressivo. Nervoso, ele discutiu com o irmão e entrou em conflito com outros trabalhadores da fazenda. Pelo bem de todos, afinal eles concordaram que seria melhor ele partir. Seu filho ficou trabalhando na fazenda e ele voltou sozinho para a cidade.

Logo encontrou trabalho nas docas e um lugar para viver, mas os acontecimentos daquele último ano tinham interferido na sua rotina e isso o deixou descontente. Fazia muito tempo que ele não se sentia sozinho, mas agora estava de fato solitário e muito mais velho. Sem o filho, o apartamento alugado parecia vazio e desolado. Seus velhos amigos estavam ocupados com suas famílias e não era fácil se relacionar com os jovens naquele tempo. Antes, ele estava sempre envolvido demais nos treinos e nas lutas para pensar em se casar novamente. Agora ele se perguntava por quê. Fazia menos de um ano que deixara a cidade, mas as coisas pareciam diferentes – ou talvez ele mesmo tivesse mudado. A vida na cidade agora parecia frívola. O homem de meia-idade não sabia mais a que lugar pertencia. As coisas tinham dado errado. Ele não sabia o quê, mas isso o deixava zangado. Não havia ringue de boxe agora para expressar suas frustrações e havia muitas noites solitárias cuja única companhia eram os seus pensamentos.

Depois da sessão, perguntamos a Eric se havia paralelos entre a vida do boxeador e a sua vida atual. Embora a personalidade dele fosse muito diferente da do boxeador briguento, ele respondeu que sim. Sob o verniz da boa educação, Eric muitas vezes se sentia irritado e frustrado, mas logo tratava de reprimir esses sentimentos. Por algum motivo, ele não se surpreendia ao ver que sua raiva já estava presente na vida passada.

Eric também se identificou com o vazio que o boxeador sentia na maturidade. Às vezes ele se preocupava justamente com as mesmas questões, perguntando-se se tinha falhado em algum ponto da vida.

Na sessão seguinte Eric viu o boxeador envelhecido, sentado nos degraus do prédio de apartamentos. Ele fumava um cigarro feito à mão e contemplava a rua. Era uma noite quente e grupos de jovens conversavam na calçada, rindo e flertando, como se tudo na vida fosse se divertir.

Dos degraus do prédio, o homem que era o eu passado de Eric podia ver o seu reflexo na janela de uma lanchonete, do outro lado da rua. Ele estava careca e tinha uma leve rigidez nas costas, herança de uma luta especialmente memorável. A imagem distorcida na janela parecia o espelho da sua vida. Quem era ele? Para onde iria? Agora que sua carreira de boxeador tinha acabado, as preocupações que antes lhe tomavam tanto tempo já não existiam. Ele não tinha planejado ficar sozinho. Nunca tinha pensado no quanto o planejamento era importante, e tinha passado pela vida, deixando as coisas do jeito que estavam. Agora ele não se entrosava com lugar nenhum. Onde errara? Qual era o sentido de tudo aquilo? Ele desejou que a vida fosse mais simples.

Eric se lembrou do quanto o jovem boxeador era animado e exuberante quando estava lutando. Ele adoraria sentir metade daquele vigor na sua vida presente. Havia força no corpo do jovem boxeador, conquistada com o trabalho braçal e o treinamento diário. A resistência do homem lembrou Eric de sua própria juventude, quando ele treinava esgrima. Ele se lembrava de que as competições costumavam ser muito divertidas.

Perguntamos a Eric por que ele tinha desistido da esgrima. Sua resposta foi reveladora. Ele disse que adorava treinar, competir e criar estratégias, mas mesmo quando ganhava não gostava do jeito como se sentia. Depois da comemoração, ele era tomado por uma tristeza inexplicável. Depois de um tempo concluiu que a esgrima não lhe fazia bem e desistiu. Agora ele podia ver por quê. Seu desânimo depois das competições era uma repetição da decepção do boxeador com a vida.

Ver o boxeador deu a Eric uma nova perspectiva de si mesmo. Ele se sentiu muito bem ao entrar em contato com o seu lado combativo. Ele podia ser perigoso se quisesse. Ainda assim, queria saber como intensificar esse lado na sua vida atual. Embora o lutador que existia dentro dele viesse à tona nos negócios, em geral ele ainda se sentia inseguro e ansioso. Agora ele percebia que tanto o lutador irado quanto o homem atormentado e desiludido já faziam parte dele quando era boxeador, mesmo antes de ele perder a esposa.

O palpite inicial de Eric estava certo. Ele não gostou de algumas coisas que viu sobre si mesmo. Mas por mais desconfortável que fosse, ele se sentia melhor agora que sabia. Ele queria entender esses dois lados e sabia que mal tinha começado a arranhar a superfície. Ele queria saber mais sobre o atormentado e o guerreiro em si mesmo.

9

JUSTIÇA TRIBAL

Eric

Desde as primeiras sessões, Eric se sentira bastante irritado. Seu antigo método de lidar com o stress consistia em fingir confiança em público e se preocupar em casa. Mais tarde ele descobriu que, ao invés, estava se tornando uma pessoa irritada. Eric não tinha muita certeza se esse era um avanço com relação à ansiedade que sentia antes. As pessoas à sua volta estavam servindo de bodes expiatórios para o seu mau humor.

Pedimos a Eric que reparasse que situações o deixavam zangado e observasse o modo como lidava com elas. Com grande interesse, ele se dedicou à tarefa e logo fez uma lista de coisas que o deixavam extremamente frustrado, desde funcionários incompetentes no trabalho até crianças desobedientes em casa. Ele se lembrou do boxeador da sessão anterior. Eric gostaria de sentir um pouco mais a autoconfiança que o boxeador sentira em seu apogeu.

Então Eric viu uma vida passada que parecia ter ocorrido muito tempo antes da do boxeador. No espaço interior ele sentiu uma força emergindo das suas entranhas. Era algo poderoso, mas desta vez não havia emoções de raiva. A força era simplesmente isso: força. Primitiva, descomplicada e revigorante.

Eric viu uma mata fechada e verdejante. Um homem de olhar feroz estava sentado numa pedra alta, contemplando o pequeno vale de um rio. Sobre o banco de areia do rio, mais abaixo, a tribo do homem brigava com outra tribo pela supremacia. Os guerreiros lutavam com lanças e com as mãos nuas, e o vale ecoava com seus gritos selvagens de batalha. Eric reconheceu o homem na pedra alta como sendo ele mesmo em outra vida e sentiu a força vinda do seu próprio ventre, enquanto o homem observava a cena sangrenta.

Como líder da tribo, o homem não participava das batalhas; essa era tarefa dos guerreiros. Mas ele estava totalmente absorto na luta e na mortandade diante de si. Em algum nível, seus guerreiros e ele eram parte uns dos outros, como se suas armas fossem dele e seus golpes viessem das suas mãos. Isso o fazia se sentir extremamente poderoso. Na verdade, vivenciar a violência coletiva desses homens dentro do próprio ventre era até mais gratificante do que participar da luta. Em comunhão com todos os seus guerreiros, o chefe era uma máquina de guerra muito mais eficaz do que seria sozinho.

Como o líder da tribo esperava, os seus homens estavam vencendo. Embora as duas tribos tivessem mortos e feridos caídos no campo arenoso da batalha, os melhores guerreiros estavam em excelentes condições. De acordo com a lei da tribo, todos os sobreviventes da outra tribo pertenciam a ele. Eles viveriam em suas terras, casariam com mulheres do seu povo e lutariam ao lado dele da próxima vez.

Eric sentiu que o líder da tribo ficou satisfeito ao ver que a batalha chegava ao fim. Ele estava ganhando vários excelentes guerreiros e prevendo que a batalha seguinte seria maior e melhor. A tribo do homem era temida e respeitada por todos os que viviam nas cercanias. Por causa do seu poderoso líder, ninguém ousava desafiá-los. As pessoas eram fortes porque seu regente era forte, e toda vez que ganhavam uma batalha eles cresciam em número e poder.

Eric ficou um tanto perplexo por esse prazer imperturbável com a violência. Ele não tinha bem certeza de que gostava de si mesmo nessa vida. Queria ver como era a vida do chefe em tempos de paz.

Eric viu um outro lado do seu eu passado. Embora implacável com os inimigos, com seu próprio povo ele era um pai benevolente. A tribo vivia num vale fértil e belo, com comida em abundância e um clima ameno. Era uma vida boa. O líder cuidava do seu povo e eles o viam com medo e admiração. Todo homem, mulher e criança sabiam que seu líder tinha matado muitas pessoas para lhes propiciar tudo isso.

Em meio ao seu fluxo de visões, Eric fez uma pausa, confuso. O poder primitivo e a liderança natural do chefe tribal faziam com que ele se sentisse fantástico – mas como conciliar esse poder agressivo com sua criação numa família de classe média?

Eric foi levado a mergulhar mais fundo na sua vida de líder. Como ele era quando não estava lutando? Qual era a sensação de ser aquele homem?

Eric relaxou instantaneamente. Ele se sentiu apaixonado pela Mãe Terra e muito próximo a ela. O líder tribal tinha um conhecimento instintivo da terra e das forças da natureza. Em tempos de paz ele passava horas caminhando sozinho nas colinas verdejantes ou sentado imóvel nas montanhas que ladeavam o vale. Havia a borda de um rochedo que ele gostava de visitar na montanha acima do vale. Para ele, esse era um lugar com forças especiais e lá ele se sentia extremamente forte. Durante horas, ficava sentado ali em silêncio, comungando com o poder das montanhas e sentindo apenas a energia de sutil bem-aventurança que irradiava da terra e fluía através dele.

Eric via seu eu passado escalando a montanha sempre que podia, até esse lugar de poder. Isso lhe dava uma força e vitalidade superiores, mas na maioria das vezes ele ia até lá porque se sentia bem nesse lugar. Enquanto estava ali, prestava seus respeitos à terra e à sua abundância. Ele entendia que, da terra, vinham a vida e o poder e para lá voltariam.

Às vezes o povo procurava o líder com ferimentos ou doenças e ele canalizava o poder da Terra para propiciar a cura. Ele nunca conseguiu explicar como fazia isso – a cura acontecia graças a um saber instintivo e visceral. O chefe sabia como mergulhar sua consciência profundamente na montanha e deixar que as forças doadoras de vida irradiassem através dele. Ele governava o povo da mesma maneira instintiva. Da natureza ele extraía a força e a sabedoria de que precisava para governar, matar e curar.

Ao longo de toda a sessão, Eric continuou se sentindo atraído de volta para o lugar especial na borda do rochedo. Ele sentiu o homem sorvendo a sabedoria da montanha, da água e do céu. Perguntamos a Eric que tipo de vida interior tinha seu eu do passado. Sua vida tinha uma dimensão espiritual? Até que ponto ele tinha consciência dela?

Nessa cultura de bárbaros a vida muitas vezes acabava de modo violento, seja numa batalha ou num acidente. Eric viu, porém, que a morte não era motivo de tristeza. A morte era um retorno à Terra, um equilíbrio natural das forças de nascimento e crescimento. A filosofia espiritual desse homem era simples: viva em harmonia com a terra e a terra cuidará de você. Se esses princípios fossem seguidos e o homem certo estivesse no comando, a ordem prevaleceria.

Aos olhos do líder tribal não havia conflito entre a necessidade de ordem e a necessidade de violência. Tudo vinha da Terra e pertencia aos ciclos da natureza. Ele confiava nela completamente. Entre o seu povo raramente havia raiva, tristeza ou discórdia.

O território do líder tribal era extenso. Do seu lugar de poder sagrado ele podia ver ao longe e quando se sentava ali podia se "apossar" da terra de um modo periférico. Ele sabia como abrangê-la inteira com a sua percepção expandida. Do seu modo instintivo, ele projetava a energia do ventre até as fronteiras do seu território, abarcando florestas, rios e rochas, animais e pessoas. Cada palmo daquelas terras era uma extensão do seu próprio ser.

No seu espaço interior, fundido com o líder tribal, Eric também sentiu seu ventre em comunhão com a natureza, como se fossem uma coisa só. Deixando sua consciência se expandir por aquela terra de muito tempo atrás, ele mergulhou fundo na experiência. Quando chegou a hora de sair do espaço interior, Eric quase esperou que, ao abrir os olhos, ele veria a si mesmo com um corpo musculoso e bem torneado, com uma lança em punho.

Essa vida primitiva e selvagem era um eco longínquo da existência presente e civilizada de Eric. Ao ver essa vida, ele pode conhecer algo que seu estilo de vida urbano e asseado nunca conseguiria lhe mostrar. A ligação do líder com a terra lhe dava uma estabilidade e segurança em si que Eric invejava. Nem mesmo o boxeador, com sua raiva indomável, sentira isso. Alguma coisa vital estava faltando e Eric queria saber como recuperá-la.

Nas sessões subsequentes Eric se viu antes de se tornar chefe nessa vida. Ele era um homem jovem, de pele cor de café, cabelos crespos e olhos selvagens. Vivia num vilarejo tribal onde todos compartilhavam casa, comida, histórias e filhos. Esse eu passado de Eric tinha o dom da cura e estava aprendendo com outros membros da tribo a desenvolvê-lo. Parte do seu treinamento consistia em caminhar durante semanas na selva, ouvindo a natureza, à medida que ela se revelava para ele. Ele aprendia sobre plantas que curavam, águas com qualidades purificadoras e locais sagrados.

Foi numa dessas caminhadas que o jovem descobriu seu lugar de poder. Ele soube imediatamente que se tratava de um lugar com forças misteriosas. Jogando de lado a lança, ele se sentou em silêncio e deixou que as qualidades da rocha ressoassem em seu íntimo. O lugar o deixou denso e sólido como as montanhas, no entanto vigoroso com o poder da floresta e de suas criaturas.

Depois de descobrir a rocha sagrada, o jovem guerreiro-curandeiro ficou mais poderoso, até que um dia desafiou o chefe da tribo para conquistar a liderança. Eles duelaram e ele ganhou. Daquele dia em diante, ele se tornou senhor de suas terras. Era jovem e forte, reverenciado pelo seu povo e temido pelos inimigos.

Eric se esforçou para entrar num acordo com o que viu sobre essa vida. Parecia-lhe um paradoxo que o cuidado com a tribo e a violência pudessem coexistir nessa aparente harmonia dentro da mesma pessoa. No entanto, ele se sentia muito bem sendo esse líder.

O que a vida como líder tribal acrescentou a Eric? Recapitulá-la não foi propriamente trabalhar uma samskara, mas experimentar a maneira como seu eu passado tinha se conectado com as forças da vida e da sabedoria da natureza. À sua maneira pouco sofisticada, o chefe da tribo entendera isso muito bem.

Apesar do fato de não fazer sentido para a mente lógica do Eric de hoje, aquilo estava exercendo um efeito sobre ele. Em geral, ele se sentia mais no controle das coisas. A ansiedade que outrora o acompanhava em todos os aspectos da vida tinha diminuído. No trabalho, ele se preocupava menos e tinha mais senso de humor. Em casa, seus filhos queriam brincar com ele e ouvir suas histórias na hora de dormir. Eric também se sentia mais próximo da esposa e notou que ultimamente eles riam mais quando estavam juntos.

Eric ainda tinha dificuldade para aceitar a violência interior que sua vida passada lhe mostrara. Ele nunca tinha se considerado agressivo ou alguém com sede de poder, e explicou que seu sucesso nos negócios era fruto de muitos anos de trabalho árduo. A confiança de Eric estava aumentando, porém, o seu lado mais aventureiro tinha despertado. Ele agora via que a ansiedade detivera seu desenvolvimento e sabotara seu bom julgamento. Eric agora estava pensando em diversificar seus empreendimentos comerciais, para incluir desde empréstimos a juros mais baixos para empresas honestas até a fundação de um parque temático para crianças. Seu mundo estava se expandindo, tanto interior quanto exteriormente. Ele não via a hora de começar a sessão seguinte.

10

A MORTE DE UM TIRANO

Eric

Eric continuou com as sessões normais. Um tema de combates continuava emergindo de suas vidas passadas, primeiro com o estilo belicoso do boxeador e depois com o poder violento do chefe tribal. Na vida passada seguinte, Eric viu um progresso na sua jornada pessoal rumo à reivindicação do seu poder. Tratava-se de fato de um conto de aventura.

Mais uma vez Eric se viu como líder, desta vez de uma pequena terra deserta. Ele se sentiu como um homem andando a cavalo à frente do seu exército, sob o calor empoeirado. Ele adorava lutar e conquistar. Montado em seu garanhão, ele liderava a tropa para a batalha, inebriado com o cheiro de sangue e vitória. Quanto mais fortes os oponentes mais ele gostava. Eric viu-se gritando como um louco enquanto dava golpes com a espada em todas as direções. Ele deu cabo de três oponentes antes que o primeiro percebesse que fora atingido. Ele adorava o sentimento de marchar triunfante sobre uma cidade que pretendia dominar. Ela era toda sua para ser capturada.

Para o eu passado de Eric, instigar uma guerra era quase uma recreação. Ele fazia isso pelo puro prazer de matar e ganhar. Quando uma nação inferior se rendia imediatamente antes de ser devastada, ele se sentia enganado e procurava outro meio de saciar a sua ânsia por violência. O pequeno exército desse comandante tinha ganhado a reputação de ser uma força de combate inclemente.

Eric viu o território do regente crescer até a hora em que ele precisou se abster dos combates e se dedicar mais às estratégias. Pensar e planejar não eram seu forte e ele sentia falta do calor da batalha.

Eric sentia a sede desse homem por mais guerra. Sempre havia mais terras a conquistar e mais poder a amealhar, e ele queria ser o senhor de tudo isso. Durante um período ele foi invencível e seus domínios cresceram. No final, no entanto, as terras não conquistadas mais longínquas uniram forças. O tirano deparou-se com dois poderios maiores que não ousou confrontar. A situação o enfureceu.

A glória do senhor da guerra acabou. Eric sentiu a frustração do homem quando foi forçado a confiar nos subalternos para administrar seus territórios. Ele se sentiu aprisionado e saudoso das batalhas. Às vezes saía disfarçado à noite e arranjava briga com estranhos pelo puro prazer de espancar alguém.

Eric achou difícil aceitar que esse homem com sede de sangue era de fato ele mesmo numa vida passada. Ele não se importava com o sentimento exultante de ser líder, mas Eric não tinha certeza sobre os outros aspectos do seu eu do passado. Como um garoto briguento de escola, o homem não tinha consciência das necessidades e sentimentos dos outros. Para ele, as pessoas eram bens descartáveis que só existiam para fazê-lo conseguir o que queria. Ele mentia e manipulava o tempo todo. Quando seus conselheiros tentavam adverti-lo, ele ficava zangado e elevava a voz, ameaçando-os demiti-los caso o contrariassem. Na realidade, Eric percebeu, o reino da razão e das ideias era sutil demais para esse homem. As discussões com seu conselho o confundiam. Ele se sentia muito mais à vontade no campo de batalha do que sentado em reuniões entediantes.

O que Eric via parecia o enredo de uma história de aventura para meninos. Ele não tinha certeza em que acreditar. Concordamos que ele deveria deixar que a experiência seguisse seu curso por um tempo, para depois procurarmos saber o que ela significava.

Eric viu que, entre os conselheiros do regente, estava seu irmão mais novo, a única pessoa que ele ouvia. O irmão sabia acalmar o regente cabeça quente e explicar as coisas numa linguagem simples. O regente detestava ouvir os outros conselheiros, mas seu irmão o convenceu de que era mais seguro mantê-los por perto do que deixar que cada um seguisse seu caminho. O regente sabia que o irmão estava certo. Ele estava cercado de inimigos, não só de terras distantes, mas que moravam na sua própria casa e comiam à sua mesa. Ele só não sabia quem eram esses inimigos mais próximos.

Havia outro irmão que governava as terras que ficavam nas fronteiras mais distantes das terras do regente. Este não via o irmão havia alguns anos e começou a desconfiar de seus relatos entusiasmados. Ele suspeitava que o irmão estivesse colaborando com as terras vizinhas para formar uma aliança de paz e essa ideia o enfureceu. Ele queria conquistar esses povos, não viver em paz com eles. Só havia uma solução: matar o irmão.

O regente não podia confiar a ninguém essa missão. Para ter certeza de que a tarefa seria cumprida da maneira apropriada, ele mesmo se incumbiria dela. Além do mais, já fazia muito tempo que ele não participava de uma aventura. Ele sabia, no entanto, que o irmão tinha muitos aliados. Ele teria que executar o assassinato em segredo.

Com um reduzido grupo de homens destemidos, o tirano deixou sua cidade e viajou para o norte. Eles viajavam sob o manto da noite e se escondiam durante o dia. O regente estava furioso por ser forçado a viajar dessa maneira, quando o que queria era violência e carnificina. Mas agora ele era odiado por muitos, e havia inimigos e espiões em todo lugar. Manter segredo era o único jeito de evitar um levante que ele não tinha mais certeza de poder enfrentar.

Quando chegou à cidade do irmão, o regente se surpreendeu ao ver o grande palácio em que ele que morava. O homem tinha se tornado mais poderoso do que ele supunha. Impaciente para entrar logo em ação, ele ignorou a sugestão de enviar primeiramente um grupo de reconhecimento. Em vez disso, ele e seus homens ficaram de tocaia nas sombras até que a última luz se extinguiu e a casa ficou em silêncio.

Os assassinos se aproximaram da casa e entraram sem encontrar obstáculo. Esse, ele disse a si mesmo, era um sinal preocupante. Qualquer homem que pudesse dormir à noite sem guardas devia ser muito poderoso. Eles se moveram em silêncio pelos cômodos e corredores escuros, à procura do irmão adormecido.

Vendo uma porta guardada por dois homens armados, o regente sorriu para si mesmo. Os dias do irmão estavam prestes a terminar. O regente tomou os guardas de assalto e invadiu o quarto com um estrondo.

Para sua grande surpresa, o irmão esperava por ele, com a adaga na mão e um sorriso no rosto. Na cama, uma mulher e duas crianças começaram a gritar ao ver a luta entre os irmãos no cômodo escuro. O eu passado de Eric percebeu que tinha trazido a arma errada. Se o irmão estivesse dormindo, sua longa espada teria sido perfeita, mas duelando num espaço tão pequeno ela era difícil de manejar. O irmão se esquivou com facilidade das suas investidas e depois golpeou-o com sua adaga. Antes que o regente se desse conta, o irmão já o tinha apunhalado e ele estava no chão.

O tempo desacelerou para o regente e ele viu uma sucessão de acontecimentos. O irmão já estava esperando por ele e tinha arranjado a luta em seus próprios termos. Seus próprios homens não moveram um dedo para ajudá-lo. Ele tinha sido traído. Será que o irmão em quem ele confiava tinha percebido seu plano e avisado o outro?

O regente olhou para o irmão enquanto este o feria mortalmente com sua adaga. Um dia eles tinham conversado sobre criar um único império. Para o regente, aquele tinha sido apenas um artifício para aplacar o irmão ambicioso, pois ele não tinha intenção nenhuma de dividir seu poder com ninguém. Agora ele tinha perdido tudo. Por que não previra isso? Da sua perspectiva atual, Eric constatou que o regente nunca pensava em ninguém além dele mesmo.

O que mais surpreendeu o regente foi descobrir o quanto seu irmão o odiava. Assassinar o irmão não era nada pessoal, simplesmente uma tentativa de se proteger politicamente. Ele tinha sido pego de surpresa pela recepção tão hostil.

O mesquinho tirano morreu cheio de raiva e arrependimento. Ele lamentava não ter matado o irmão muito tempo antes e ter confiado no outro, que morava em sua casa. Ele se perguntava se, caso tivesse compartilhado mais dos seus espólios de guerra com eles, seus irmãos teriam continuado sendo aliados em sua sede de poder. Era uma desonra para um homem da sua posição morrer daquele jeito. Enquanto sentia sua força vital se esvaindo, ele se encheu de raiva e frustração. Se havia algo que ele odiava acima de tudo era a impotência.

Depois dessa sessão, Eric tinha de saber: ele era de fato um tirano mesquinho e sanguinário? Será que a coisa toda não estava mais para As Mil e Uma Noites?

Conversamos com Eric e esclarecemos que às vezes as pessoas veem vidas que não são suas vidas passadas, mas experiências que expressam samskaras e características psicológicas de uma maneira relativamente simbólica. Para Eric, ver o tirano era exatamente o que ele precisava para entrar em contato com aspectos seus que não tinham uma válvula de escape na vida presente. Se essa vida era autêntica ou não do ponto de vista histórico, Eric não tinha como saber. Por outro lado, ele não tinha nenhuma dúvida sobre sua relevância.

Eric descobriu que essas descobertas eram desafiadoras. Percebeu que uma parte de si tinha tomado a decisão de nunca mais se envolver em disputas por poder ou episódios de violência. Isso não era algo em que se podia confiar. Nesta vida, Eric tinha evitado sistematicamente situações envolvendo responsabilidade e autoridade. Agora ele estava começando a entender por quê.

Nas sessões seguintes, Eric viu o que aconteceu depois da morte do tirano. Como regente, Eric viu seu próprio corpo sem vida no chão do cômodo escuro. Num momento de lucidez, ele tinha percebido a futilidade da sua vida. Que bem tinham lhe feito todas aquelas conquistas? O sentimento inebriante de poder tinha desaparecido, junto com a sua força vital. Ele se sentia fraco e confuso. Pela primeira vez em décadas estava com medo. Nunca mais queria ser poderoso daquela maneira. Devia haver um outro jeito.

Eric continuou com sessões regulares e, ao longo dos meses seguintes, viu mais vidas passadas. Algumas eram violentas, outras pacíficas. O que havia de comum entre elas era a mesma sensação inebriante de poder em seu ventre. Às vezes era uma força primitiva que queria agitação e violência, e outras vezes ela se manifestava como uma sabedoria que lhe dava uma compreensão instintiva da terra e fazia dele um líder nato.

Ao longo da sua jornada, Eric também viu seus embates na infância com o pai dominador. Nesta vida, ele estava sofrendo a tirania de outra pessoa e tinha a sensação de ter nascido com esse pai não por causa de algum tipo de castigo cósmico, mas porque eles possuíam uma força parecida. No entanto, o relacionamento conflituoso de Eric com o poder fez dele uma vítima da truculência do pai e alguém que se esquivava da violência ainda mais.

Em nenhuma das sessões houve uma reviravolta nos acontecimentos, mas Eric estava mudando. Aos poucos ele começou a ver a força no seu ventre como uma parte importante de si. Enquanto permanecesse distanciado dela nunca conseguiria ser realmente ele mesmo. Ele sentia uma sensação cada vez mais forte de firmeza e solidez com relação a si próprio.

No início da terapia de vidas passadas, Eric tinha intuído que poderia descobrir coisas sobre si mesmo que não o agradariam. Embora isso fosse verdade, ele também teve muitas surpresas positivas. Apesar de ter se defrontado com sua própria violência, estava recuperando o seu poder pessoal. Não era mais invisível na multidão e administrava sua empresa de um modo completamente diferente. Uma vez ele me disse que na verdade não entendia a maioria das pessoas e sentia que elas não gostavam dele. Agora as coisas estavam mais claras e ele queria liderar um time vencedor. O melhor de tudo era que o desafio e a alegria da liderança estavam trazendo à tona um lado totalmente novo de Eric. Ele se sentia mais próximo do seu eu verdadeiro do que jamais estivera antes.

11

ATAQUE DE CIÚME
Giannetta

No momento em que Giannetta se sentou à sua enorme mesa de gerente, ela foi assaltada por uma poderosa onda de ansiedade. Será que tinha competência para cumprir as exigências do seu novo cargo?

Giannetta tinha sido contratada pouco tempo antes e estava com receio de que a promoção provocasse reações negativas dos colegas com mais anos de casa. Se eles se sentissem enciumados, isso poderia causar um desastre na sua carreira. Aos 31 anos, ela tinha a experiência, as ideias e a personalidade para ser líder, mas era vítima da sua própria insegurança. Se pudesse chegar à raiz dessa insegurança, talvez conseguisse fazer algo realmente bom na empresa.

Começando com suas preocupações sobre a promoção, Giannetta entrou no espaço interior. Depois de algum tempo, ela teve impressões de uma fazenda onde uma equipe de trabalhadores labutava sob o sol quente, ceifando feno. Era uma época pré-industrial e os homens cortavam o feno com longas foices. O feno era amontoado sobre uma carroça, antes de ser estocado no celeiro para o inverno. Giannetta estava fascinada com as cores da paisagem; o dourado ofuscante do feno e o azul do céu sem nuvens. Os trabalhadores da fazenda, em comparação, vestiam roupas de um marrom desbotado e tinham os ombros bronzeados pelos longos dias de verão passados sob o sol.

No alto da carroça de feno estava um adolescente, que pegava e empilhava com destreza os fardos de feno, ao mesmo tempo em que orientava o grupo de trabalhadores. Ao ver o jovem, Giannetta sentiu que era ela mesma numa vida passada. Ela identificou alguma coisa no rapaz que sem dúvida era igual à essência de Giannetta hoje.

O jovem colocava toda a sua energia na tarefa que tinha em mãos. Mal tinha chegado aos 16 anos, mas se sentia orgulhoso por ser o chefe do grupo e levar a sério a sua responsabilidade. Ele era o filho mais velho do dono da fazenda e tinha uma vida privilegiada. Longe de torná-lo preguiçoso, a sua posição o levava a dar o melhor de si e a estimular os outros a fazerem o mesmo.

O rapaz fez uma pausa no trabalho e empertigou-se, endireitando a coluna. Esquadrinhando o céu, notou nuvens de chuva no horizonte e incentivou o grupo a trabalhar mais rápido. Agora Giannetta sentiu uma onda de hostilidade no ar, em torno do garoto, embora o jovem inocente parecesse completamente alheio a ela. Parecia que um dos trabalhadores, um homenzarrão de espessa barba negra, não compartilhava da mesma disposição do menino. O homem era tio dele e estava profundamente ressentido com a promoção do jovem sobrinho. Ele nunca confrontara o jovem diretamente, mas seu ciúme fazia com que aproveitasse até a menor oportunidade para tornar as coisas difíceis para ele.

Num final de tarde, quando o menino deixou o grupo para sair à procura de um forcado perdido, o tio enciumado seguiu-o sem ser visto. Quando o jovem fazendeiro estava sozinho, o homem ergueu o forcado no ar e golpeou com toda força as costas do sobrinho. Giannetta sentiu uma terrível explosão de dor nas costas do menino e percebeu suas pernas cederem. Com um grito ele desabou no chão de terra. Ergueu a cabeça e viu o tio parado diante dele, com o forcado na mão e um sorriso de triunfo no rosto.

Sem dizer uma palavra, o tio esticou o braço e pegou o chapéu do menino, depois virou nos calcanhares e se afastou. O garoto ficou deitado no chão, ofegando de dor. Ele não podia acreditar no que tinha acabado de acontecer. Seu tio, em quem sempre confiara como um amigo, o atacara pelas costas, a sangue frio. Atordoado com a dor e incapaz de mover as pernas, o jovem ficou deitado ali, abandonado à própria sorte.

Com relutância, ele percebeu que ignorara os sinais do antagonismo crescente do tio. Anos antes, os dois jogavam bola e pescavam no rio juntos. No entanto, desde que o pai ficara doente e passara o trabalho da fazenda para o filho, o tio tinha se mostrado distante e irritadiço. Ocupado com os desafios do seu novo papel na fazenda, o rapaz não tinha pensado no que significava a mudança na atitude do tio. Agora ele desejava ter sido mais vigilante.

Depois de um longo tempo, o tio voltou com outro homem e fingiu que tinha descoberto o jovem patrão machucado no chão. O tio de barba negra então mandou seis homens carregá-lo até em casa, pedindo que o segurassem com cuidado.

O menino mal podia acreditar no que estava acontecendo. Ele tinha perdido toda a sensibilidade abaixo da cintura. Aterrorizado, percebeu que talvez não recuperasse o movimento nas pernas, nem seria capaz de administrar a fazenda da família. Pior era saber que aquilo tinha acontecido por obra do tio em quem confiava.

Depois daquele dia, ele passou longas semanas na cama, sem nada que fazer senão pensar. O trabalho na fazenda não podia esperar, então o pai não teve alternativa senão colocar o tio do menino no comando. Do leito, o menino tentava dizer o que tinha acontecido, mas ninguém o ouvia. O pai estava doente demais para se importar com o que ele chamava de politicagens triviais da fazenda e o restante das pessoas achava que ele tinha imaginado tudo.

Em vez de ficar com raiva ou desejar vingança, o jovem culpou-se. A seu ver, se ele não tivesse cuidado tão bem dos trabalhos da fazenda não teria ficado paralítico numa cama, observando o resto do mundo seguir adiante sem ele. Se ele pudesse voltar no tempo, faria tudo diferente. Seria menos ambicioso e mostraria mais disposição para seguir os mais velhos, menos orgulho e mais consideração pelos sentimentos dos seus trabalhadores. Desse ponto de vista distorcido, ele acreditou que sua capacidade de liderança era a responsável por causar uma cisão na família.

Quando se sentou, depois dessa sessão, Giannetta estava mais introspectiva. O rapaz estava refletindo seus próprios medos com relação a conquistar uma posição de comando. A liderança, ela refletiu, é uma tarefa perigosa. Ela dá margem a ataques. Portanto, era mais seguro ser humilde e seguir ordens.

Sentindo que não tinha tempo a perder, Giannetta fez mais cinco sessões ao longo das duas semanas que se seguiram. Ela tinha receio de que, se não fizesse isso, sua carreira estaria em risco. Era preciso ter uma solução rápida.

Na sessão seguinte, Giannetta voltou a fazer contato com o adolescente convalescendo na cama. Dia após dia ele ficava deitando ali, observando pela janela a neve cair e pensando no futuro. Estava cheio de remorso com relação ao que acontecera. Ele costumava imaginar como seria a sua vida: administrar a fazenda, casar e ter filhos. Ele tinha até acalentado o sonho de ser prefeito um dia. Agora nada disso aconteceria. Ele não poderia andar sem uma bengala e sua recuperação dependia do próprio tio que o colocara naquele estado.

Havia algo importante que Giannetta não notara ainda. Pedimos a ela que visse por que o tio do menino estava com tanta raiva e tanta vontade de se vingar do menino. Será que era de fato por que o sobrinho parecia ser bom em tudo ou havia outro motivo?

Giannetta compreendeu. O menino tinha sido arrogante e insensível com relação à situação do tio. O tio tinha vivido a vida inteira na fazenda e, quando o irmão caiu doente, muitos acharam que ele era o candidato mais provável a ser o novo administrador. Em vez disso descobriu que receberia ordens do frangote do sobrinho, um jovem pretensioso que não sabia quase nada. Ressentido, ele observava o menino trabalhar e seu coração se endureceu com o ciúme. Aquele rapaz tinha a vida que o tio queria para si: uma família amorosa e um futuro brilhante administrando os negócios da família. E tinha conseguido tudo isso ainda na adolescência.

O jovem administrador da fazenda tinha muitas ideias sobre eficiência e produtividade. Não demonstrara nenhum interesse em ouvir as vozes da experiência, e o fato de alguém ter seguido o mesmo caminho durante décadas já era para ele motivo suficiente para mudar. Ele adorava questionar a velha rotina e estava constantemente em busca de maneiras novas e melhores de fazer as coisas.

O rapaz tinha um chapéu que o avô lhe dera. O chapéu era o símbolo da sua posição como a terceira geração de fazendeiros da família. Ele o usava com orgulho, sem se dar conta de que sua arrogância estava inspirando o antagonismo de outros homens da fazenda. Sentindo o otimismo invencível da juventude, ele acreditava que era melhor do que os mais velhos. Afinal de contas, ele tinha sido promovido a chefe de todos eles. Por fim, o tio não conseguiu mais conter o ressentimento e agarrou a chance de dar ao sobrinho uma lição. E conseguira, refletiu Giannetta. O tio havia quebrado não só a coluna do menino como seu orgulho, e com isso tinha destruído também sua autoconfiança.

Giannetta sentiu-se como o garoto confinado dentro de casa. Em seu íntimo, o jovem tinha resolvido nunca mais ser um líder. Daquele dia em diante ele preferiu a segurança e o anonimato em vez da exultação do poder e da responsabilidade. Essa decisão teria repercussões que iriam muito além daquela vida. A ligação com as atuais circunstâncias da vida de Giannetta era clara. Mesmo agora, seu crescimento era tolhido por uma decisão tomada sob a influência daquela antiga samskara.

Durante grande parte da vida Giannetta tinha evitado posições de comando. Quando outras pessoas elogiavam sua capacidade de organização ela se retraía ainda mais. Posições de comando lhe pareciam uma receita de problemas. Ela sempre desconfiava do poder, tanto do seu quanto do das outras pessoas. As consequências da decisão que tomara naquela vida ainda se evidenciavam na sua insegurança e falta de confiança em si.

Giannetta agora conseguia ver a autoridade de um modo diferente. Não era o poder em si que era perigoso, mas a maneira como ele era utilizado. Quando era o jovem administrador da fazenda, ela era inexperiente demais, muito ingênua e arrogante para ser respeitada pelas pessoas à sua volta.

Giannetta lembrou-se de algo que lhe aconteceu quando tinha 14 anos. Ela foi eleita capitã do time de hóquei da escola um pouco antes de entrarem num torneio interestadual. Sem nenhum motivo aparente, suas costas travaram e durante semanas ela mal conseguia andar. Os médicos ficaram perplexos e disseram que ela devia ter sofrido uma queda feia. Giannetta sabia que não tinha sofrido nenhuma queda, mas depois de alguns meses de fisioterapia suas costas ficaram boas. Nesse meio-tempo, o time de hóquei teve outra capitã e Giannetta passou a se interessar por outras coisas.

Giannetta ficou em silêncio. Ela viu o padrão que cultivara durante vidas e chegou a constatações profundas. O espaço à sua volta mudou, ficando mais amplo e alegre. Giannetta sentiu algo no seu íntimo se libertar e um calor se espalhou por todo o seu corpo. Isso fez com que se sentisse mais viva, como se uma porta tivesse se aberto e um calor ardente a envolvesse. Uma sensação de magia pairava no ar. Deitada tranquila e em silêncio, Giannetta viu uma luz se espalhando pelo seu ser, um símbolo da cura que estava acontecendo.

Ao longo das semanas seguintes, Giannetta continuou a trabalhar nas questões que a sua promoção trouxera à tona e sua confiança aumentou de maneira notável. Logo ela estava adorando o seu papel de gerente. Aprender como ser chefe era a coisa mais gratificante que ela tinha feito em anos. Ela queria que seus funcionários sentissem orgulho de pertencer a uma equipe tão forte e motivada. Giannetta aprendeu que ser uma líder de sucesso não era uma questão de dominação ou poder, mas de cooperação e trabalho em grupo.

12

ARRUINADA POR UM ESCÂNDALO

Vivienne

Em sua visão interior, Vivienne viu um bar enfumaçado onde uma jovem estonteante estava cercada por homens. Com seu corpo perfeito e longas pernas de dançarina, ela chamava a atenção de todos no ambiente. Os homens se acotovelavam em torno dela, fascinados por seus olhos verdes faiscantes e por sua risada contagiante. A jovem estava perfeitamente consciente do efeito que exercia sobre os homens e gostava imensamente disso.

Divertindo-se com a cena, Vivienne fez uma pausa. Ela podia sentir que a mulher no bar era ela em outra vida, mas a diferença entre essa criatura exuberante e a Vivienne de hoje era gigantesca. Pouco desenvolvida, com uma aparência pálida e cabelos escuros e sem estilo definido, Vivienne usava jeans agarrado e uma camiseta de renda preta, e tinha uma expressão séria.

Vivienne tinha decidido investigar suas vidas passadas depois de um divórcio particularmente difícil. O que tinha começado como uma relação intensa tinha se tornado um relacionamento apaixonado e depois um casamento empolgante. Depois de três anos apenas, ele terminara com uma combinação explosiva de ofensas e recriminações. Quando fazia uma retrospectiva, Vivienne se perguntava como podia ter se enganado tanto com alguém que ela julgava ser sua alma gêmea. No entanto, ela ainda não conseguia conversar com ele sem chorar depois. Como algo tão perfeito tinha dado tão errado?

O casamento de Vivienne não foi o primeiro de seus relacionamentos a acabar de maneira dolorosa e amarga, e ao longo dos anos ela tinha procurado vários conselheiros na tentativa de romper esse padrão. Ela esperava que a técnica ISIS a ajudasse a se libertar desse ciclo destrutivo.

Na visão que Vivienne teve de seu eu do passado no bar, um homem particularmente bonito destacava-se dos outros. Havia uma química sexual entre os dois e eles flertavam ostensivamente. A Vivienne de hoje tinha a desagradável sensação de que algo estava errado, mas percebia que seu eu do passado estava envolvida demais na situação para perceber isso.

A jovem era uma cantora e dançarina que tinha ido ao bar para se encontrar com amigos depois do espetáculo noturno. Vivienne sentia que não era esse o hábito da mulher, mas nessa noite ela estava visitando sua cidade natal.

Pedimos a ela que visse quem era o homem no bar.

Quando ela olhou com mais atenção, seu coração disparou e ela sentiu uma onda de emoções conflitantes. Seu eu do passado tinha de fato amado aquele homem e seus sentimentos eram tão intensos quanto os que sentiu pelo seu marido nesta vida, ao conhecê-lo. Ele parecia ter até os mesmos olhos escuros que ainda a faziam arder por dentro. Imediatamente ela quis saber se podia se tratar do mesmo homem. Sentir o amor da mulher desencadeou um sentimento forte de dor e traição. Pedimos que Vivienne voltasse ainda mais no tempo para ver o que causara tanta dor.

Vivienne viu que a artista tinha saído de casa alguns anos antes para tentar uma carreira na Broadway. Ela tinha trabalhado duro e tinha alcançado algum sucesso e popularidade. O espetáculo que estava fazendo na ocasião tinha aberto uma temporada na sua cidade natal e ela não só estava louca para rever os amigos como queria principalmente encontrar o homem que ela abandonara pelos palcos. Será que ele ainda sentia alguma coisa por ela?

A cantora se lembrou do dia em que seu amado tinha lhe prometido amor eterno. Ele pedira que ela voltasse para ele assim que desistisse de perseguir seu sonho de ser artista. Ele, assim como muitos outros, esperava que ela voltasse para casa depois de alguns meses, desiludida e pronta para sossegar e constituir família. No entanto, a jovem ambiciosa sabia que tinha potencial para fazer sucesso no *show business*.

No bar, o flerte entre o casal inflamou os ânimos dos dois e se tornou uma discussão. O homem a insultou. Ela lhe deu um tapa no rosto e ele a empurrou com rudeza. Ela saiu do bar num rompante e ele a seguiu. Acabaram onde ambos queriam: na cama, juntos. Para a mulher, a noite nos braços do seu amado foi bela e intensa – uma reconciliação e uma cura.

Vivienne sentiu a sexualidade vibrante da cantora e como ela gostava de fazer amor. Ela também adorava usar sua sexualidade para influenciar os homens. Conhecia a arte de fazer um homem se sentir forte e viril, e se dispor a tudo para lhe fazer favores. Ela gostava de encantar os homens tanto quanto adorava se apresentar nos palcos.

Vivienne sentiu como era ser essa mulher talentosa e atraente. A mulher sabia que suas pernas eram seu maior triunfo e tinham sido responsáveis pelos vários papéis que conseguira em espetáculos da Broadway. Ela também sabia que sua carreira mal tinha começado e que dinheiro, fama e sucesso eram só uma questão de tempo e esforço.

Mais uma vez Vivienne sentiu que algo não ia bem. Apesar da sua personalidade extravagante e teatral e forte autoconfiança, o eu passado de Vivienne era ingênua no que diz respeito à vida. Não tinha lhe ocorrido que algumas pessoas podiam não apoiar o seu sucesso. Nunca suspeitou que seria traída e derrubada pela pessoa que amava e em quem confiava.

    Vivienne sentiu-se como a cantora entrando no bar, depois da sua segunda noite de espetáculo. Em vez do seu amado e um bando de admiradores, desta vez ela viu desprezo, pena e, em alguns homens, ganância. Imediatamente ela soube que o amante tinha contado tudo. Ontem, para esses homens ela fora um objeto de desejo inatingível. Agora eles a viam como uma prostituta como outra qualquer. Seu amante tinha lhe deixado um presente no bar, mas essa não era a prova de amor que ela esperava. Dentro da caixa estava uma pequena faca entalhada e um cartão com as iniciais do homem, nada mais. Ela tinha entendido a mensagem muito bem. Ele estava cortando os laços entre eles. A faca estava dizendo que ele não queria vê-la outra vez.

    Essa traição foi como uma ferida no peito da jovem. Ela mal conseguia respirar, tamanha era a dor que sentia. Sozinha na cama aquela noite, ela recapitulou mentalmente os acontecimentos várias e várias vezes. Como ele podia lhe fazer aquilo? Será que não sentia o mesmo que ela? Embora ela tivesse acreditado que eles estavam se reconciliando, seu amante tinha se preparado para destruí-la.

    Sua imagem pública foi arruinada e possivelmente sua carreira também. A mística que cercava sua persona profissional devia-se à mistura enigmática de sexualidade e inocência que ela irradiava. Até então ela tinha mantido seus casos discretos e parecia intocável aos olhos do público. Agora ela seria estigmatizada como uma mulher sem moral, que chegara à Broadway prestando favores sexuais. Ela se repreendia severamente por ter sido tão tola. Seria preciso muito esforço para recuperar sua imagem pública.

Uma nuvem de ódio por si mesma toldou a jovem artista. Ao mesmo tempo, Vivienne reconhecia essa nuvem em si mesma. Ela odiava a sua sexualidade. Ser mulher só lhe trazia problemas. A capacidade da cantora de impressionar e manipular os homens tinha acabado em desastre. A Vivienne dos dias de hoje também não se sentia bem com a sua sexualidade. Ela também a levara a casos intensos, mas destrutivos.

Boatos e comentários maldosos pelas costas perseguiram a cantora, quando esta voltou para a Broadway. Então, ela ficou horrorizada ao saber que estava grávida. Isso foi catastrófico para sua carreira e seu bem-estar pessoal. Apesar da confiança que aparentava, ela não era forte do ponto de vista emocional.

Em desespero, ela telefonou para o homem responsável. Aos prantos, implorou que ele a ajudasse. Ele a insultou e maltratou pelo telefone, deixando-a em choque. Ela estava sozinha. Quando estava prestes a perder o juízo, a cantora reuniu forças e procurou uma clínica de abortos.

A decisão de interromper a gravidez exigiu dessa jovem toda coragem que ela poderia ter. Mas as consequências foram piores do que a gravidez em si. Seus hormônios ficaram completamente desequilibrados, ela ficou doente e deprimida. A fabulosa sensualidade e feminilidade que tinham sido a sua marca registrada desapareceram com a doença. Ela foi obrigada a parar de trabalhar e foi para o campo, se recuperar na casa de amigos.

A artista nunca mais recuperou a saúde. A beleza que um dia a tornara famosa desapareceu. Tudo o que restou daquela pessoa exuberante foram a autorrecriminação, as lembranças amargas e as fotografias. Ela nunca mais concebeu uma criança. Seu corpo doía e ela ficou fraca e chorosa, sempre indisposta e vivendo com medo e falta de confiança.

Vivienne imediatamente reconheceu a relevância da dançarina da Broadway para a sua vida presente. Ela tinha inconscientemente recriado o relacionamento infeliz da jovem do passado em todos os seus relacionamentos do presente. Ela nunca se sentira à vontade com sua sexualidade, no entanto, e mais de uma vez ficara intimidada pelos homens por quem estava se sentindo atraída. Não admira que achasse difícil construir um relacionamento estável com um parceiro.

O distúrbio hormonal era conhecido também: Vivienne sofria de uma grave TPM. Por mais de duas semanas, todos os meses, ela tinha dores de cabeça e intensas oscilações emocionais. Era como se o seu corpo ainda sentisse os efeitos da gravidez interrompida da vida da cantora.

Nas sessões subsequentes, Vivienne viu outras cenas da sua vida como cantora, anos depois de ela ter sido forçada a abandonar os palcos. Vivienne percebeu como a jovem tinha se tornado taciturna. Ela agora estava casada e morava numa enorme casa de campo. O marido era bem mais velho do que ela e extremamente rico. Ele era um homem conservador, gentil e protetor com relação à jovem esposa, chegando muitas vezes a ser controlador. O eu passado de Vivienne estava agora muito feliz, pois, como era profundamente insegura, tinha alguém para lhe dizer o que fazer.

A princípio, a mulher tentou ignorar sua saúde debilitada, mas ficou impossível esconder a crescente instabilidade emocional. Ela chorava e soluçava durante horas, depois caía exausta e dormia. À noite, ela acordava com a dor e com os pesadelos, gritando a respeito de monstros no seu ventre que a estavam comendo viva.

Ninguém, nem mesmo o marido, sabia sobre a gravidez interrompida que acabara com sua carreira. Apesar do esforço que fazia para se esquecer, porém, parecia que seu corpo conspirava para que ela se lembrasse.

Numa sessão posterior, Vivienne viu o trágico fim daquela vida, um dia tão promissora. Rastejando na neblina, sob as árvores sem folhas, a mulher dobrou-se ao meio, gemendo enquanto se balançava para a frente e para trás. A mulher começou a chorar histericamente, urrando de angústia enquanto apertava a barriga. Vivienne sentia a angústia da mulher: algo em seu ventre a estava deixando histérica. Se uma vez tinha sido seu maior poder, agora sua condição de mulher tinha se tornado uma ferida insuportável. Ela estava dentro do perímetro de propriedade de uma instituição psiquiátrica. Torturada pela culpa secreta e pelas complicações hormonais causadas pelo aborto, a cantora arruinada estava tão desequilibrada que já não podia mais levar uma vida normal. Explosões histéricas como a que ocorreu sob as árvores eram a única válvula de escape para o inferno que ela trazia dentro de si.

Durante as semanas em que as sessões de Vivienne giraram em torno dessa sua vida passada, ela teve sonhos bizarros, todos relacionados com bebês. Uma noite ela sonhou que era um bebê preso no útero da mãe. Outra noite acordou chorando porque nunca teria um bebê, embora jamais tivesse pensado nisso seriamente.

Vivienne contou que quando era mais jovem costumava ir a uma boate e flertar ostensivamente com os homens de boa aparência. Ela os fazia acreditar que tinham uma chance com ela, mas nunca os levava para casa. No dia seguinte, morria de culpa. Usar a sua sexualidade daquele jeito, para manipular os homens, era algo que a fazia se sentir suja. Vivienne agora tinha a clara sensação de que seu desconforto era consequência direta da sua vida como cantora. Para ela, a sexualidade tinha sido uma maldição.

Vivienne também tinha certeza de que suas dores e incômodos pré-menstruais tinham como origem sua vida passada. Até o momento seu médico não tinha conseguido ajudá-la, apesar dos analgésicos que prescrevera, e sugerira que uma gravidez podia ser a solução natural. Vivienne sentia-se assombrada pelo passado mal resolvido, assim como seu eu do passado se sentira na instituição psiquiátrica.

Numa sessão particularmente profunda, Vivienne finalmente sentiu algo no seu íntimo se libertar. Era um aspecto desconhecido dentro dela que se agarrara à antiga dor. A experiência começou com um sentimento estranho de desorientação em que Vivienne sentiu como se tudo estivesse virado de cabeça para baixo. Ela percebeu que estava vivenciando a morte do seu eu do passado. Por fim, para essa mulher não havia mais segredos a esconder, nem fingimentos, nem dor. O alívio era imenso.

Vivienne estava deitada no seu espaço interior com os olhos fechados, com um pé no presente e outro no passado. Acompanhando a mulher moribunda do passado, ela se rendeu, despediu-se do seu corpo sofrido e se voltou para a luz etérea e jubilosa que a cercava.

Em paralelo com seu eu do passado, Vivienne sentiu a luz apagar, do seu ventre, os últimos resquícios da tristeza que havia tanto tempo carregava. Ela chorou, triste e aliviada ao mesmo tempo. Era tão bom poder deixar tudo para trás. Em silêncio, ela permitiu que essa luz espiritual a banhasse.

Quando a luz finalmente se dissipou, Vivienne descreveu o que tinha acontecido naqueles minutos de silêncio. Ela sentira seu ventre se abrindo como uma flor desabrochando para a luz do dia. Sentia-se preenchida com a cor e a vitalidade de uma flor e, pela primeira vez na vida, ela viu como poderia gostar de ser mulher. Com tal tesouro em seu ventre, ela se sentiu forte e cheia de vida. Com esse ventre, o sexo seria uma bela aventura, não o campo minado de emoções conflitantes e desejos que parecia ser.

Essa sessão foi a última em que Vivienne viu sua vida como artista de palco. Conhecê-la não tinha sido nada fácil e mexera com suas emoções profundas, mas a dedicação de

Vivienne tinha valido a pena. Ela parecia outra pessoa, com uma pele radiante e olhos brilhantes. Sua saúde estava significativamente melhor do que alguns meses antes e ela se sentiu bem o suficiente para começar a fazer exercícios regularmente.

Com sua vitalidade recém-descoberta, a autoconfiança de Vivienne, abafada sob o peso emocional que carregava, aumentou. Antes em conflito com a sua sexualidade, agora ela se aceitava e se sentia mais amorosa e desejável do que nunca.

Essa nova atitude transparecia também na sua aparência. Seu traje habitual, jeans e camiseta, foi aos poucos substituído por vestidos mais femininos. Ela deixou de lado suas joias pesadas e cortou o cabelo num estilo mais moderno. Vivienne sempre chamara a atenção em público, mas agora ela estava de fato gostando disso.

O mais importante era que o fardo emocional que a levara a fazer a terapia de vidas passadas agora era um desapontamento. Ela estava pronta para conversar com o ex-marido sem cair no choro depois. Havia várias possibilidades de romance no ar e desta vez ela não queria se precipitar. Em vez de procurar sua alma gêmea e não pensar duas vezes antes de iniciar um novo romance, ela tentaria apreciar as pessoas pelo que elas eram e ser mais verdadeira. Ela já tinha passado tempo demais vivendo suas fantasias e estava pronta para um relacionamento de verdade.

13

ALMAS GÊMEAS E VIDAS PASSADAS

Muitas pessoas entrarão e sairão da sua vida, mas só os verdadeiros amigos deixarão pegadas no seu coração.

Eleanor Roosevelt

Ao meu lado, duas mulheres conversavam no restaurante. Uma tinha começado um novo romance e a outra comentava, "Você teve muita sorte de encontrá-lo. Quero dizer, eu amo o meu marido, mas ele não é minha *alma gêmea*".

Essa conversa ficou na minha cabeça durante muito tempo. De onde veio essa ideia de alma gêmea? Minha experiência com meus clientes me mostrou um ponto de vista um pouco diferente. Vivienne, por exemplo, descobriu semelhanças perturbadoras entre a atração poderosa que seu eu passado tinha e a dinâmica inicial entre ela e o ex-marido. O homem pode ou não ter sido o mesmo, mas a dinâmica entre eles certamente era.

Talvez uma vez na vida as pessoas encontrem alguém que as faça pensar que encontraram a pessoa certa. A dinâmica entre ambas é tão perfeita que é como se elas já se conhecessem. Sentem que nasceram para ficar juntas. Será que se conheceram numa vida passada? Será que encontraram sua alma gêmea?

Por trás dessas palavrinhas "alma gêmea" existe um mundo de conjecturas: de que existe, em algum lugar deste mundo, uma pessoa destinada para cada um de nós, alguém que fará com que nos sintamos amados, felizes e completos. Não se sabe muito bem onde teve início esse conceito. Talvez ele derive de um mito contado no *Simpósio*, de Platão, segundo o qual os seres humanos de antigamente eram criaturas hermafroditas com quatro braços, quatro pernas e dois rostos. O mito diz que eles eram fortes e arrogantes e começaram a desafiar os deuses, por isso Zeus ensinou-lhes uma lição de humildade cortando-os em dois. Desde então, os seres humanos vagam sobre a Terra procurando sua metade perdida.

Seja qual for sua origem, o mito da alma gêmea tornou-se parte da cultura popular. É uma tentativa de acreditar que deve existir alguém lá fora que nos faça sentir adorados e plenos. O que não fica claro, porém, é como essa busca pela alma gêmea passou a fazer parte do conceito de vidas passadas. A convivência com uma pessoa no passado não é garantia de felicidade na companhia dela no presente, assim como o convívio com ela no presente não é garantia de felicidade no futuro.

Vidas passadas à parte, porém, eu observei diversas razões para aquelas ligações raras mais intensas entre as pessoas.

A primeira a considerar são as samskaras. A intensidade das emoções acerca do amor, do romance e da sexualidade cria uma arena natural onde as samskaras entram em ação. Fortes emoções e reações com respeito a uma pessoa podem facilmente criar uma ilusão de familiaridade. Interações com essa pessoa são empolgantes e nos fazem despertar. Embora a intensidade emocional não seja garantia de que tivemos uma ligação de vidas passadas com alguém, ela é, como Vivienne descobriu, uma clara indicação de que uma samskara foi desencadeada.

Além das samskaras, uma forte atração – ou seu oposto – pode acontecer de um modo mais instintivo. Pode acontecer no nível da força vital, também conhecida como energia "etérica" ou *chi*, segundo a medicina tradicional chinesa. A força vital de uma pessoa nunca é igual à de outra. Essa é uma razão por que o convívio com pessoas diferentes é subjetivamente diferente. Quando existe compatibilidade nesse nível, esse convívio é harmonioso. Pode haver uma química sexual entre as duas pessoas ou o relacionamento entre elas pode estimular ideias, criatividade ou cura. Os sentimentos ficam à flor da pele. Por outro lado, a desarmonia no nível da força vital pode causar uma aversão ou desagrado inexplicável.

Essas são literalmente reações viscerais: reações instintivas diante das energias vitais de outra pessoa. Elas acontecem independentemente de qualquer processo de pensamento, embora as pessoas possam justificá-las depois, do ponto de vista intelectual. Quando a atração por outra pessoa resulta de uma resposta profunda à energia vital, não há necessidade de se procurar associações místicas ou de vidas passadas. A força vital de uma pessoa pertence, indubitavelmente, a esta vida. No início da vida, todo bebê recebe dos pais essa energia, junto com o corpo físico. Por definição, a força vital não se mantém no período entrevidas.

Uma terceira razão para essas raras conexões com outra pessoa é o encontro de algo mais elevado nas duas pessoas. O fato de estarem juntas desencadeia um despertar. Algo profundamente espiritual está no ar. Elas querem dar, amar, inspirar. Estão vivendo o apogeu delas mesmas. É fácil acreditar que é a outra pessoa que é especial ou que ela é a "pessoa certa", pela qual você esperou a vida toda.

Além de tudo isso, sempre existe a possibilidade de a pessoa ter encontrado alguém que conheceu numa vida passada. Saber se isso significa que ela deve entrar num relacionamento com essa pessoa nesta vida é uma outra história, bem diferente.

Começar uma terapia com o intuito de encontrar uma ligação de vidas passadas é um grande risco. Assim como decidir qual é a resposta sem saber a pergunta, ou buscar um determinado resultado, essa quimera não é um terreno confiável. No entanto, o amor nunca foi conhecido pelo seu bom senso ou objetividade.

Se ampliarmos bastante sua definição, uma alma gêmea pode ser alguém cuja presença nos toca lá no fundo do coração. Alguns encontros raros podem desencadear o nosso desenvolvimento espiritual e possivelmente o da outra pessoa também. O fato de essa pessoa tocar a outra de modo tão profundo não significa necessariamente que elas tenham vivido juntas no passado ou estejam destinadas a ficarem juntas no futuro; simplesmente significa que elas sentem um grande entrosamento no presente. Esses encontros são oportunidades fascinantes para nos conhecermos melhor e à nossa visão de mundo.

14

UM VISLUMBRE ALÉM DO TEMPO

Bobby

Bobby tinha sido enviado pela namorada, Yolanda, para duas sessões de terapia de vidas passadas. Impressionada com as suas descobertas, durante sua própria terapia, ela convenceu Bobby do quanto ela era benéfica. Quando ela marcou a primeira sessão, não pareceu que seu motivo era completamente altruísta, pois Yolanda estava tentando havia algum tempo persuadi-lo a morar com ela. Bobby, porém, continuava evasivo. Yolanda esperava que a introspecção pudesse ajudá-lo a perceber que ele de fato a amava e queria assumir o mesmo compromisso que ela desejava.

Bobby não tinha consciência de nada disso na época. Tudo o que ele sabia era que sua querida namorada lhe dera de presente duas sessões de terapia de vidas passadas como presente de aniversário e ele tinha achado a ideia interessante.

Professor de esqui durante uma década, Bobby adorava viver bem a vida. Ele dava aulas nos Alpes europeus, nas pistas canadenses e nas montanhas intocadas da Nova Zelândia. Sua vida era um paraíso invernal, coberto de neve e pontuado por breves temporadas em ilhas tropicais, onde ele renovava o bronzeado no intervalo entre suas viagens semestrais entre os hemisférios. Três anos antes, Bobby tinha conhecido Yolanda no alto de uma montanha na Áustria e eles instantaneamente se deram bem. Desde então eles viajavam juntos, fazendo paradas em estações de esqui onde Yolanda trabalhava em bares e restaurantes, enquanto Bobby dava aulas de esqui.

Bobby vivia viajando e nunca refletia muito sobre a razão por que estava com Yolanda; na verdade, não refletia muito sobre a maioria das coisas que fazia na vida. Ele não tinha se tornado instrutor de esqui por acaso, mas porque, depois de passar anos seguindo a neve, ensinar esse esporte parecia uma maneira natural de custear seu estilo de vida.

Era uma vida fácil. Bobby podia trabalhar em várias partes do mundo e ganhar para fazer aquilo que adorava. Antes de perceber, dez anos haviam se passado e as qualificações de Bobby e sua conta bancária eram muito parecidas com as que tinha ao se formar no ensino médio.

Quando Bobby fechou os olhos e mergulhou dentro de si para iniciar a sessão, ele imediatamente gostou da escuridão amigável do espaço interior. Embora ela lhe parecesse amistosa e familiar, depois de um breve período Bobby sentiu o coração apertado com uma sensação que não lhe agradou nem um pouco. A sensação de aperto se intensificou, transformando-se em ansiedade, e Bobby foi projetado de volta ao início desta vida, quando era um bebê recém-nascido no útero da mãe.

Não era agradável dentro da mãe, e Bobby imediatamente soube por quê. Ela era jovem e estava mais interessada em festas e em dançar do que em bebês e amamentação. O dia em que ela descobriu que seu enjoo matinal devia-se a uma gravidez, foi direto para o bar e tomou alguns drinques com uma amiga para "desabafar". O pai de Bobby ficou encantado com a notícia e celebrou com todos os seus amigos de bar, mas a mãe começou a se ressentir muito da inconveniência que representava a gravidez. Ela preferia que tivesse sido uma ressaca.

Bobby sentiu o ressentimento da mãe de modo agudo. Ele estava imerso nele, como se o ressentimento estivesse misturado ao líquido amniótico que o envolvia. A mãe de Bobby fez o possível para ignorar a barriga que crescia, bebendo, fumando, comendo e socializando-se como há anos vinha fazendo. Nenhum bebê iria ditar regras para ela. A gravidez avançada fez com que ela se sentisse pesada e cansada e, depois dos primeiros meses, já não conseguia mais fingir. A criança estava mudando seu corpo e logo mudaria o restante da sua vida.

Para Bobby, o útero da mãe era ruim, desconfortável e pouco convidativo. O álcool e o tabaco que circulavam em seu corpo faziam com que ele se sentisse angustiado, e ele mal via a hora de sair dali. Bobby nasceu quatro semanas antes da data prevista, o que os médicos atribuíram ao tabagismo da mãe.

Em comparação com os pais, o Bobby adulto levava uma vida de total abstenção. Não fumava, não consumia drogas e, embora não fosse avesso a um copo de bom vinho tinto, ele preferia um bom jogo de squash a passar uma noite bebendo. Dizia que detestava ver o álcool transformar pessoas inteligentes em idiotas. Ele também não gostava da sensação de estar embriagado. O álcool lhe trazia demasiadas lembranças das festas dos seus pais quando ele era pequeno. Lembrava-se de como a mãe deixava a festa para colocá-lo na cama, bafejando álcool em seu rosto e rindo alto. Bobby calculava que, ao atingir a idade escolar, ele já tinha visto centenas de festas – mais do que o suficiente para uma vida toda.

Na sessão seguinte, Bobby foi levado a uma época anterior ao útero materno, a fim de ver por que tinha nascido com aquela mãe. Para muitas pessoas, ver a razão por que foram atraídas para uma determinada mãe é uma experiência iluminadora. O que elas percebem geralmente está muito distante da mitologia popular segundo a qual as pessoas escolhem seus pais e sua vida futura com total conhecimento do que vivenciarão. A maioria dos clientes fica surpresa ao ver que a escolha dos pais foi tão influenciada por necessidades emocionais e samskaras como as outras decisões da vida.

Um pouco antes de estar no útero da mãe, Bobby se sentiu como um pontinho de luz no espaço interior. Atrás dele havia um lugar muito bonito – ele não o via, mas sabia que era bonito – e diante dele havia o útero da sua futura mãe. Bobby descreveu a si mesmo como uma centelha infinitamente pequena cruzando o espaço em direção à Terra. A centelha de luz procurava um lugar para pousar; ela queria se expressar. Em vez de ter um propósito definido esperando por ele, o campo estava totalmente aberto. O pontinho brilhante que seria Bobby tinha potencial para ser qualquer coisa.

No espaço à sua frente, ele viu um útero e de repente, antes de poder decidir qualquer coisa que fosse, aterrissou. Já havia um corpo esperando por ele, embora ele pudesse sentir que a mãe ainda não se dera conta disso.

Não parecia haver nada de especial naquele útero ou naquela mãe que atraísse a centelha para encarnar ali. Parecia a Bobby que o útero materno foi simplesmente o primeiro que ele viu. Ele precisava de algum lugar para nascer; ela era jovem e feliz e aquilo serviria. Ao contrário do que Bobby esperava, tornar-se filho daquela mãe foi algo extremamente aleatório. No instante em que penetrou em seu útero, ele percebeu com desânimo que não se sentia bem. Ele não gostava desse lugar, mas não havia como voltar atrás.

Bobby tinha encontrado sua mãe da mesma maneira como tinha feito muitas outras coisas na vida: sem escolher de fato. Um olhar mais atento, porém, revelou que havia algo em comum entre a mãe e a criança. A mãe de Bobby era uma pessoa cheia de ideias que nunca se concretizavam. Como ele, ela saltava de um emprego ou projeto para outro, sem nenhum planejamento. Enquanto estivesse se divertindo, ela achava que tudo estava bem. Bobby sempre culpava a mãe por tê-lo criado sem nenhum tipo de ambição ou direção na vida. Ele ficou pasmo ao descobrir que, na verdade, acontecia o contrário. Ele tinha sido inconscientemente atraído para sua mãe justamente por essas características.

Bobby foi orientado a voltar à época em que era aquela luzinha viajando no espaço. Ele ficou exultante ao se deslocar em alta velocidade. Ele sabia que não se tratava de uma experiência física, mas a vasta escuridão em que estava era bastante semelhante ao espaço sideral. Ele conseguia enxergar nessa escuridão, não como sua visão normal, de durante o dia, mas como uma luz estelar viajando no espaço. Havia também uma luz que Bobby carregava consigo desde o lugar bonito que deixara para trás. A luz se derramava sobre ele e o impelia através do espaço, como o vento solar por trás de uma vela espacial. De repente Bobby viu a si mesmo em várias vidas passadas ao mesmo tempo movendo-se em direção à Terra, numa sobreposição. À sua frente, havia muitas vidas diferentes e ele era conduzido pela mesma luz brilhante.

A visão interior de Bobby se expandiu mais uma vez, abarcando toda a vastidão do espaço interior. Uma longa fileira de luzinhas apareceu, como um cordão etérico de contas. Num átimo, Bobby soube que cada conta representava uma de suas vidas passadas. Era uma visão simbólica da sua linha do tempo. Além de bela, a visão transmitiu uma mensagem a Bobby. Apesar da luz sempre presente que o envolvia, a maioria das contas representando as vidas de Bobby era opaca e desbotada. A mais brilhante pertencia a um passado distante e, nesse instante, Bobby soube que nessa vida estava a chave da sua falta de motivação. Nessa vida num passado remoto, ele tinha perdido algo essencial, e sabia que estava vendo esta "conta" agora porque havia uma chance de recuperar o que perdera.

Uma energia de leviandade encheu seu espaço interior e se espalhou pela sala, fazendo Bobby rir apenas por se sentir bem. Bobby estava em silêncio, contemplando sua visão da linha do tempo, quando teve um vislumbre da sua natureza eterna. Nesse momento, isso foi mais real para ele do que seu próprio nome. Ele não era mais Bobby, o instrutor de esqui e cidadão do mundo, mas um espírito imortal que existia além do espaço e do tempo.

Depois dessa experiência, Bobby tinha muito no que refletir. Ele teve um vislumbre do que poderia ser e, de repente, realizar todo o seu potencial lhe pareceu mais instigante do que vagar de uma montanha nevada para outra. Talvez agora fosse uma boa hora para parar e pensar.

Com relação à sua namorada Yolanda, porém, as experiências de Bobby não o estimularam a assumir um compromisso. Pela primeira vez, ele iria evitar compromissos pelas razões certas. Era hora de Bobby fazer a si mesmo algumas perguntas difíceis. Seus dias de descontração estavam chegando ao fim. Se Bobby queria ter uma vida significativa, era hora de parar de perambular pelo mundo e seguir seu coração.

15

ORGULHO DE UM GUERREIRO
Olivia

Olivia tinha a fama de ser cabeça-quente. Quando o chefe se mostrava irracional, o marido era teimoso ou os filhos saíam do controle, ela perdia a cabeça e culpava todo mundo por qualquer coisa errada e gritava até conseguir o que queria. As pessoas com quem convivia em geral a amavam por causa da sua energia e entusiasmo, e aprendiam a atenuar seus episódios tempestuosos. Agora, no entanto, tal comportamento estava começando a prejudicar seu casamento. Cansado de pisar em ovos quando estava perto dela, o marido de Olivia não era o mesmo homem jovial com quem ela tinha se casado. O conflito começou num dia em que ele disse que ainda a amava, mas que, se ela não fizesse nada para controlar a raiva e a hostilidade, ele não garantia que o casamento durasse muito.

Olivia percebeu que o marido estava certo. Inúmeras vezes ela tinha resolvido manter a calma e depois de perder a cabeça sempre se sentia constrangida por seu comportamento. Ela não sabia por que isso lhe parecia tão difícil. Afinal de contas, ela tinha uma vida boa. Ao longo da sua carreira como conselheira da comunidade, ela via muitas pessoas em estado muito pior que o seu. Ela tinha que fazer alguma coisa antes que fosse tarde demais.

No início da sessão, Olivia captou impressões de tendas e homens de peito nu a cavalo. Ela os viu atravessar cavalgando rios de águas azuis e planícies cobertas de grama. As terras amplas e abertas eram arrebatadoras e faziam com que Olivia tivesse vontade de correr e cantar. Então sua visão interior lhe mostrou um nativo-americano em pé sozinho num declive. Peito nu, rosto voltado para o céu e braços estendidos acima da cabeça, ele gritava com toda a força do seu ser. O poder tremendo do seu grito vinha de uma profunda dor que ele sentia dentro de si.

O homem tinha perdido seu único filho. Ele tinha pelo jovem uma adoração e um amor grandioso e sincero, e só via perfeição em tudo o que o menino fazia. A dor de perdê-lo era insuportável. O grito solitário do pai era a única maneira que ele conhecia de expressar a angústia, e era a única maneira aceitável de um guerreiro extravasar a dor. O homem batia no peito e rugia, externando a sua dor para o céu.

Naquela manhã mesmo o filho do guerreiro tinha saído para caçar com outros adolescentes da aldeia. Forte e valente, o jovem muitas vezes vencia jogos e competições contra outros meninos. Nesse dia, houve um torneio para ver quem voltava primeiro com o prêmio da caça. Ao longo do dia, o pai pensou como iria recompensar o filho por ganhar dessa vez. Mas durante a caça um penhasco cedeu e o filho sofreu uma queda fatal. Os outros meninos carregaram seu corpo de volta para a aldeia e o deitaram aos pés do pai.

Não havia sangue. O jovem parecia dormir. A princípio o forte guerreiro fitou o filho, em choque, e não acreditou no que via. Isso não poderia ter acontecido. Não ao seu garoto, não a ele. Ele pegou o filho nos braços, chacoalhou-o e chamou seu nome, rezando para que se tratasse de um terrível engano. Mas não houve reação nenhuma e o corpo do menino continuou flácido e frio nos seus braços. A alma dele já havia partido.

Um buraco se abriu no seu peito quando ele se deu conta da perda. Jogou a cabeça para trás e gritou para o céu. Um guerreiro não podia chorar. Ele cravou as unhas no peito e feriu a pele. Aquilo ajudou, mas por pouco tempo. Ele queria que houvesse algo a fazer ou alguém com quem brigar. Mas a morte é um inimigo invencível.

O forte grito do homem foi um sinal para que os outros membros da tribo se juntassem ao seu lamento. As mulheres romperam em pranto e os homens gritavam e batiam no peito. Depois de algum tempo, depositaram o corpo do menino num leito de folhas e o prepararam para o ritual que garantiria à sua alma uma passagem segura para o mundo dos seus ancestrais.

Olivia viu tudo isso com sua visão interior e, enquanto estava ali de olhos fechados, sentiu a intensidade da ira e da dor do guerreiro de muito tempo atrás. Isso desencadeou lembranças de uma perda semelhante em sua vida, quando o irmão morreu num acidente de carro alguns anos antes. Olivia tinha detestado o sentimento de impotência. Assim como o nativo-americano, ela queria que houvesse algo que pudesse fazer para acabar com a dor.

Depois da sessão, Olivia continuou com suas reflexões. Na verdade, ela se sentia bastante como o homem forte. Sempre tinha sido mais fácil para ela ficar com raiva do que se sentir ferida ou triste.

Na sessão seguinte, pedimos a Olivia que visse como o nativo era antes da tragédia. A primeira coisa que ela sentiu foi o amor do pai pelo filho. Desde a morte da mãe do menino, alguns anos antes, o homem e o filho tinham se apegado muito um ao outro. O menino adorava o pai e se esforçava para deixá-lo orgulhoso em tudo o que fazia. O guerreiro ensinou ao filho tudo o que sabia: ensinou-o a caçar e pescar, a cavalgar a toda velocidade pela floresta e a arremessar uma lança num veado exatamente no lugar certo, para que o animal caísse morto instantaneamente, sem sentir nenhuma dor. Ele observava o filho se tornar um dos caçadores e guerreiros mais promissores da tribo e seu coração explodia de amor e orgulho.

O eu passado de Olivia sabia como ser um homem forte, mas não fazia ideia de como lidar com a dor da sua perda. Ela viu que sua cultura valorizava a bravura e a nobreza e que era impensável que ele chorasse em público. A única alternativa para evitar essa vergonha era ficar com raiva.

Uma das muitas primas do homem era uma mulher gentil, que o entendia e queria ajudá-lo. Algumas semanas depois da morte do menino, ela viu o homem sentado sozinho e em silêncio lhe ofereceu comida e companhia. Ele não pode suportar essa amabilidade e o carinho da prima o deixou tão zangado que tudo o que ele queria era feri-la. Com violência, ele a afastou, fazendo-a perder o equilíbrio e cair. Ele gritou com ela, pedindo que o deixasse em paz e dizendo que não precisava da piedade de ninguém. Abalada, a mulher se levantou e deu um passo para trás, quando viu o homem romper em lágrimas. Pela primeira vez desde a morte do filho ele estava chorando. O bravo homem precisava muito que o acalentassem como a um bebê, mas não sabia como pedir. Com medo da sua ira e sem saber ao certo o que fazer, a amável prima hesitou por um momento e depois se afastou.

Percebendo que tinha cometido um erro, o guerreiro tentou chamá-la de volta, mas nenhum som saiu da sua boca. Ela tinha partido e ele estava sozinho com a sua dor. Ele se lembrou de que era um guerreiro e um guerreiro não pode ser vulnerável. O filho tinha ido e nada o traria de volta. Ele tinha que ser forte.

Quando encontrou a prima de novo, ela estava tímida e respeitosa, e não ousou oferecer ajuda novamente. O guerreiro nunca falou sobre suas lágrimas para ela ou de como precisava da sua compaixão. Antes desse dia ninguém jamais o vira chorar e ele faria com que ninguém jamais visse outra vez.

A princípio o pai desolado permitia-se chorar quando estava sozinho. A dor e as lágrimas faziam com que se sentisse como uma criança, porém, e ele não sabia como lidar com essa vulnerabilidade. Ele a empurrava para longe como fizera com a prima e, à medida que o tempo passou, o guerreiro foi se fechando cada vez mais. Ele quase sempre conseguia evitar o sentimento de tristeza, mas ela nunca desapareceu de fato. Envenenado pela raiva, o coração do bravo homem endureceu e seu corpo ágil se tornou tenso e rígido. Agora seu rosto estava paralisado numa máscara de dor, os maxilares eram rígidos e os músculos, tensos.

Incapaz de encontrar paz, o guerreiro costumava caçar durante vários dias, obrigando-se a ir até o limite da exaustão, para que assim pudesse dormir. Era um alívio conseguir dormir a noite toda sem acordar com pensamentos indesejáveis e lembranças do passado.

Olivia era uma pessoa vibrante e cheia de entusiasmo, nem um pouco parecida com o guerreiro carrancudo que ela via no passado, e a princípio a relevância daquela vida não era muito óbvia. No entanto, à medida que ela via mais, o significado foi ficando mais claro. Assim como seu eu do passado, Olivia não gostava da vulnerabilidade – nem seu marido a vira chorar. Na maior parte do tempo ela estava feliz e descontraída, a não ser quando tinha um dos seus rompantes de raiva.

Nas sessões seguintes, Olivia foi estimulada a voltar à dor do guerreiro até aprender a senti-la. A vulnerabilidade era seu maior desafio. Segundo ela, isso exigia mais coragem do que encarar o mais zangado dos seus clientes. Quando conseguiu sentir um pouco mais essa vulnerabilidade, ela ficou surpresa ao descobrir que, em vez de se sentir fraca ou triste, ela se sentia mais livre. A libertação da dor significava que ela não tinha mais razão para ficar zangada. Era bom começar a sair desse ciclo de amargura que transformara o mundo em seu inimigo.

Depois de trabalhar essa questão em algumas sessões, pareceu a Olivia que a vida estava tratando-a de modo diferente. As antigas irritações não aconteceram mais e as outras pessoas pareciam estar menos defensivas e dispostas a discutir com ela. Olivia descobriu que sua objetividade natural poderia ser suavizada com diplomacia, o que se revelou muito mais eficiente do que gritar com as pessoas.

As mudanças de Olivia também se evidenciavam na sua aparência. Ela estava notavelmente mais leve e não era tão carrancuda.

O melhor de tudo era que o casamento estava melhor. Agora que Olivia não se sentia compelida a ganhar todas as discussões e conseguir tudo o que queria, a vida em casa tinha ficado muito mais agradável. Ela descobriu um lado mais suave da sua natureza e o marido comemorou essa descoberta. O tempo que passavam juntos foi ficando mais íntimo, mais divertido e muito mais sincero. Com sua hostilidade constantemente afastando as pessoas, Olivia tinha criado um mundo muito pouco amigável para si mesma, onde nunca conseguia nada sem uma briga. Agora ela estava fazendo novos amigos e se apaixonando outra vez pelo marido. Ela gostava muito mais desse novo estilo de vida.

16

CASADA COM O INIMIGO
Deborah

A descrição que Deborah fez do ex-marido era típica de uma comédia de TV. De acordo com ela, ele era um "presta pra nada" preguiçoso, que bebia cerveja e assistia a jogos de futebol enquanto a casa estava de pernas para o ar, por isso Deborah caçoava dele com uma sucessão interminável de piadinhas sarcásticas.

Uma mulher atraente e sensual, com um senso de humor contagiante, Deborah parecia uma pessoa agradável que poderia ter arranjado muitos parceiros. No entanto, tão logo ela começava a falar sobre homens e relacionamentos, outro lado da sua personalidade se evidenciava. Seu espírito humorístico dava lugar a um sarcasmo cortante e toda sentença era uma oportunidade para fazer uma piada arrasando os homens. Exercício, para o ex-marido, significava procurar o controle remoto embaixo do sofá. Ela adoraria encontrar um homem sensível, inteligente e carinhoso, mas todos os homens com esse perfil já tinham "namorado". Deborah fazia tantas piadinhas cínicas que era difícil se concentrar no que ela estava *sentindo*.

Séria por um momento, ela disse que o ex até que era um sujeito legal, mas a vida com ele era simplesmente um tédio horroroso. Ela tinha tentado tudo para motivá-lo a fazer alguma coisa: jogar squash, andar de bicicleta com ela ou encontrar um hobby, mas ele sempre acabava de volta ao sofá, na frente da televisão. O único jeito de fazê-lo se mexer, contou Deborah, sem conseguir conter o impulso de fazer uma piada, era arrancar o controle remoto da mão dele e sair correndo.

Agora, com trinta e poucos anos, Deborah nunca tinha se relacionado com um homem que realmente a desafiasse – especialmente na cama, ela lamentava. Ela estava perplexa. Que motivação perversa a fazia repetir o mesmo tipo de relacionamento insatisfatório desde o primeiro namorado? Deborah queria ter certeza de que o seu próximo parceiro não seria nada parecido com o homem com quem estivera casada durante sete anos.

No espaço interior, Deborah se viu como uma bela jovem do Oriente Médio. Ela tinha a impressão de que se tratava de uma vida passada centenas de anos atrás, talvez na antiga Pérsia. A jovem estava usando um vestido longo e justo, com um lenço de cabeça combinando. Sua pele parda tinha a suavidade da seda e os olhos pretos eram aveludados. Vivaz e cheia de vida, a jovem ainda não era casada e morava com os pais.

Deborah viu-se como aquela jovem numa biblioteca. Ela estava com um grupinho de pessoas, a maioria homens e duas ou três mulheres, que se encontravam para ler e estudar. Era maravilhoso estar com aquelas pessoas. Elas defendiam os mais elevados valores humanos: o amor ao conhecimento e o cultivo da integridade. Passavam horas todos os dias debruçados sobre os livros e absorvidos em animadas discussões filosóficas.

A sociedade a que seu eu passado pertencia era um cadinho de arte, literatura e ciência, e tinha orgulho de estar no pináculo cultural do mundo civilizado. Ela era também rica em misticismo e espiritualidade.

Só os mais abastados tinham condições de educar as filhas. A jovem sabia o quanto era privilegiada. Era graças ao pai que as portas do conhecimento lhe tinham sido abertas. Aprender com filósofos ensinara à jovem o valor do conhecimento acima de tudo e ela agradecia à providência divina por lhe dar um pai sábio e liberal.

Além de ter uma inteligência brilhante e inquiridora, o eu passado de Deborah exalava uma sensualidade latente que os homens achavam irresistível. Tanto aos olhos dos jovens quanto dos mais velhos, ela era simplesmente deslumbrante. A mulher ainda era jovem e nunca estivera com um homem. Ela ainda não fazia ideia do efeito que causava nos homens, uma virtude que só aumentava o seu poder de sedução.

Na sessão, Deborah sentiu a energia vibrante da jovem persa como se fosse dela própria. Riu com alegria ao sentir a vitalidade que lhe percorria as veias. Fazia com que ela tivesse vontade de pular e dançar.

Então, Deborah viu um homem com seu eu passado e sentiu uma repulsa instantânea. Ele fazia grandes negócios com seu pai e ela estava ao lado deste enquanto os dois conversavam. O homem olhava seu corpo com cobiça, como se ela fosse um pêssego maduro. Só o olhar dele já a deixava enojada.

Embora o pai tivesse pedido o consentimento da filha, ela era esperta o suficiente para entender que uma recusa o constrangeria e prejudicaria os seus interesses comerciais. Essa era a chance da jovem de expressar sua gratidão por tudo o que o pai lhe dera. Dizendo a si mesma que havia muitas coisas mais importantes do que se casar por amor, ela respirou fundo e concordou em casar com aquele homem.

O homem à sua frente, no entanto, fazia seu estômago revirar, e tudo que lhe dizia respeito lhe parecia repulsivo, desde a pele amarelada até o modo como ele a olhava. Ele devia ser o indivíduo mais repugnante e lascivo que ela já tinha conhecido. Desviando os olhos, ela tentava se fazer invisível. Embora ele continuasse a conversar com o pai dela, seu candidato a marido a encarava abertamente, molhando os lábios inconscientemente, com expectativa.

A visão de Deborah deu um salto no tempo e passou para uma época posterior ao casamento. A vida com o novo marido era tão detestável quanto ela temera. O homem era rude e insensível, interessado apenas em si mesmo e no seu próprio prazer. Considerava as mulheres uma propriedade particular e se sentia satisfeito por ter tido a sorte de se casar com uma particularmente adorável. Na sessão, Deborah o desdenhou, dizendo que se tratava de um homem grosseiro e sem cultura. Seu eu passado estava acostumado com companhias muito mais refinadas. O novo marido da jovem desprezava os livros e a educação, e logo pôs um basta às visitas da mulher à biblioteca. Dali em diante a sua tarefa era cozinhar e limpar, parir filhos e cumprir com suas obrigações de esposa quando solicitada.

Vivendo sob a sombra do marido, a jovem perdeu a sensualidade exuberante e se fechou para o mundo. Ela teria que recorrer aos seus recursos interiores para sobreviver, pensava ela. O imbecil com quem se casara lhe tirara a virgindade e a liberdade, mas não iria destruir seu coração puro e a luz da sabedoria interior que ela tinha cultivado com tanto cuidado. Ela a manteria acesa no seu íntimo, longe da vista de todos.

Não era apenas a sua natureza intelectual que ela mantinha longe dos olhos de todos. Deborah também podia sentir a sensualidade potencialmente gloriosa da bela jovem. Dentro dela havia um desejo sexual intenso e potencial para dar e receber muito prazer, mas seu marido sujo e malcuidado não fazia ideia disso, e não tinha interesse em descobrir.

Nada tinha preparado a jovem para isso. Será que sua vida seria uma prisão com esse bárbaro idiota? Ela não tinha medo do marido, mas sabia que precisava ser cautelosa. Apenas o fato de ser um homem já lhe dava um poder sobre ela que fazia dele alguém potencialmente perigoso.

Embora a mulher fosse capaz de esconder o rosto e o corpo sob roupas simples, sua força de caráter e a mente arguta eram mais difíceis de ocultar. Seu marido a achava intimidante e não podia suportar isso. Ele se tornou ciumento e cruel, acusando-a de menosprezá-lo. Jurando colocá-la em seu lugar, ele a insultava e maltratava, impondo-se a ela e rebaixando-a de todas as maneiras que podia. Embora extremamente infeliz, a jovem não se deixava abater com facilidade.

Vendo que a mulher ainda levava a melhor sobre ele, o marido frustrado ficou ainda mais vingativo. Uma mulher que não honrava e respeitava o marido era um insulto à sua masculinidade. Ela devia ser uma esposa amorosa, dócil e obediente, não forte e cheia de sabedoria. Um homem nunca possuiria de verdade uma mulher como essa. Ele queria subjugá-la.

Ver tudo isso despertou a ira de Deborah. Que homem desprezível! Ela queria socar o sujeito. Seu senso de humor desapareceu e Deborah se surpreendeu com a intensidade da ira que brotou dentro de si.

Na sessão seguinte, Deborah viu a jovem tendo um rompante de raiva. Seu eu passado gritava e dava chutes enquanto um homem a segurava e tentava estuprá-la. E o que era pior: o marido assistia a tudo e ignorava seus gritos de socorro. Então ela chegou à terrível constatação – o homem tinha pago ao marido para estuprá-la.

No espaço interior, Deborah tremia de raiva. Ela podia sentir o peso do corpo do homem sobre ela. Por cima do ombro, via os olhos do marido. O pervertido tinha prazer em ver o desespero da esposa. Ele não tinha feito isso por dinheiro, mas por rancor. Queria submetê-la pela força. A fúria de Deborah se somava à do seu eu passado.

Quando a mulher viu que o marido tinha premeditado o estupro, o homem sobre ela não significou mais nada. A mulher ficou pasma de horror ao perceber o sorriso presunçoso no rosto do marido. Uma onda de fúria selvagem começou a se avolumar na boca do estômago e ela teve vontade vomitar tudo sobre ele. Ah, como seria bom se pudesse rasgar com as unhas seu rosto satisfeito. Mas não havia nada que ela pudesse fazer.

Determinada a não dar ao marido a satisfação de vê-la humilhada, a jovem parou de lutar e ficou ali deitada, sem se mexer. Olhos nos olhos, ela sustentou o olhar dele com desdém. Um verme como ele não iria levar a melhor sobre ela. Como qualquer valentão, ele era um covarde cujo único poder advinha de brutalizar os outros. Patético.

Apesar da sua decisão, esse episódio transformou a jovem. Seus olhos, uma vez tão brilhantes, ficaram mortiços. A sensualidade suave que provocava o fascínio dos homens esvaeceu. Ela se tornou tensa e irritadiça. Algo dentro dela se extinguiu. Ela se sentia oprimida pela injustiça do mundo e pela impotência de ser mulher. Não adiantava nada lutar pela nobreza e pela beleza neste mundo. No final, eram sempre os homens que saiam vitoriosos.

Deborah podia ver como essa samskara tinha se manifestado na sua vida atual. Ela dissimulava sua força com o verniz das boas maneiras e seu ódio com suas piadas. Com tristeza, Deborah percebeu que atraía seus parceiros sob a influência dessa samskara. Inconscientemente, ela colocava o conforto e a segurança acima da compatibilidade intelectual ou sexual. No entanto, dentro dela, Deborah continuava sendo como a jovem persa, cheia de raiva e aversão por si mesma. Não era de surpreender que ela muitas vezes tivesse acabado frustrada e entediada. Ela nunca tinha encontrado um homem que tivesse conhecido a verdadeira Deborah, pois ela tentava viver sem a melhor parte de si mesma.

Enquanto Deborah tentava compreender a sua vida como a jovem persa, ela teve vários sonhos em que chorava rios de lágrimas, extravasando uma tristeza que vinha do fundo do seu peito. Ela despertava com os próprios soluços e, ao acordar, ficava surpresa ao constatar que não estava chorando. Não havia nenhuma lágrima no travesseiro e nenhuma lembrança que a fizesse chorar. Ao mesmo tempo, Deborah teve várias sessões catárticas em que gritava de ódio e fúria até ficar rouca. O que mais a surpreendeu foi que essas sessões não a deixavam esgotada, mas sim exultante. Ela se sentia ótima extravasando emoções tão violentas.

Depois de algum tempo, Deborah percebeu que reclamava menos e ria mais. Um dia, ela me contou que estava começando a atrair um tipo diferente de homem. Não do tipo bonzinho e previsível, mas homens com ideias e opiniões próprias e um fogo nos olhos. Era só uma questão de tempo até que ela estivesse pronta para deixar que um se aproximasse mais. O mais importante era que, pela primeira vez, ela estava reconhecendo seu próprio valor. Era jovem e livre, a vida era uma aventura e ela iria viver plenamente.

17

REJEITADA

Bea

Durante anos, Bea teve crises de depressão, e algumas delas duravam semanas. Normalmente comunicativa e sociável, quando a depressão a dominava, Bea mudava completamente e tinha de se esforçar para viver cada dia, sentindo como se tivesse uma nuvem negra sobre a cabeça. Às vezes ela simplesmente não conseguia se levantar da cama. Então ligava para o trabalho, dizendo que estava doente, e passava o dia inteiro comendo e dormindo em frente à TV.

Bea morava sozinha num moderno apartamento num bairro bonito da cidade. Ela era executiva do departamento administrativo de uma grande loja de departamentos, a mesma companhia em que começara a trabalhar, ao concluir a faculdade, havia 16 anos.

Bea chegou para a sessão vestida com uma típica roupa de trabalho: saia azul-marinho justa, blusa branca e sapatos pretos. Com os lábios vermelhos, a pele pálida e os cabelos presos num coque, não havia nada suave em sua aparência. Ela não era de fazer rodeios: estava deprimida e queria se sentir melhor. Antidepressivos a deixavam entorpecida e ela perdia o contato consigo mesma. Bea não gostava deles. Ela buscava outra maneira de recuperar o otimismo e a vitalidade que costumava ter.

Ao entrar no espaço interior, Bea logo viu uma senhora magra e idosa sentada ao lado de uma janela. Era ela muito tempo atrás. A mulher estava contemplando os numerosos pedestres que passavam na rua. Todos passavam correndo sem se dar conta da sua presença, sem nunca fitar seu rosto envelhecido por trás da cortina de renda amarela.

A senhora raramente saía da poltrona ao lado da janela. Ela não lia, nem tricotava ou costurava. Só ficava sentada ali. A vida tinha sido dura e ela se sentia cansada. Havia dias em que até o esforço de pensar já lhe parecia excessivo. O passado estava cheio de arrependimentos e o futuro assomava-se como um grande abismo. Um dia por vez era tudo o que ela conseguia aguentar. Com a mente em branco, ela ficava ali sentada, observando o mundo girar, perdida em devaneios.

Na sessão, Bea se sentiu desconfortável e suspirou. Ela conhecia bem o estado de ânimo da mulher. Era exatamente o que sentia quando estava deprimida: pesada de tristeza por um motivo que não conseguia explicar e imobilizada pela apatia.

Às vezes, embora a contragosto, a senhora pensava no passado. Ela se lembrava dos dias felizes em que havia outras pessoas na sua vida. Quando seu olhar topava com mães acompanhadas dos filhos, ela ficava triste por nunca ter tido uma família. Ver casais passar rindo juntos fazia com que se lembrasse da sua própria existência destituída de amor. Incapaz de se lembrar de uma única pessoa que a tivesse verdadeiramente amado, a mulher não pensava em perguntar a si mesmo quem, se é que existia alguém, era realmente importante para ela. Por trás da sua tristeza, havia décadas de solidão e oportunidades perdidas, e as lembranças a faziam se sentir amarga e sem ânimo para nada. No final, era mais fácil simplesmente ficar sentada ali, e deixar que os dias e semanas passassem, transformando-se em anos.

Quando a anciã era obrigada a sair de casa para comprar comida, ela se embrulhava num antigo pulôver cinza que tinha sido do seu pai, pegava uma cesta e se arrastava em direção à rua. Com a cabeça baixa e murmurando para si mesma para ter coragem, a velhinha era algo triste de se ver. A maioria das pessoas pensava que ela estava louca e a olhava com pena e curiosidade. As crianças a chamavam de bruxa e lhe atiravam pedrinhas, por detrás das cercas vivas.

A mulher se sentia extremamente desajeitada quando estava na rua. Cercada de gente ela se sentia ainda mais isolada, pois não sabia mais se relacionar com outro ser humano. Considerada louca, ninguém ousava conversar com ela. Isso era um alívio, assim como voltar para a segurança e solidão da sua própria casa.

Pedimos a Bea para que sentisse o coração da velha mulher. Embora ele fosse duro como uma concha congelada, Bea também sentiu algo suave e vulnerável escondido dentro dele. Como o coração daquela mulher tinha se tornado tão frio e endurecido? Pedimos que ela procurasse ver.

Bea tinha a impressão de que seu eu passado havia crescido naquela casa. Ela nunca tinha se casado, mas tomava conta dos pais idosos e, depois da morte deles, ficou morando sozinha na casa da família. Foi quando começou a se sentar ao lado da janela. Sem outras pessoas na casa, nada acontecia, nada mudava, nada quebrava o silêncio. A princípio amigos e vizinhos tentaram consolar a filha desolada, mas depois das primeiras poucas visitas desajeitadas e cheias de piedade, ela começou a ignorar as batidas na porta. Por que eles vinham? Eram apenas um bando de intrometidos que sequer gostavam dela. Sua alegria forçada a deixava irritada e ela não precisava de piedade. Por fim, os visitantes desistiram e a mulher preferiu assim.

Depois da sessão, Bea se sentiu entre chocada e constrangida com o que viu. Sua própria vida era tão parecida com a da velha senhora que era assustador. O cenário era diferente, mas, por dentro, o sentimento era exatamente o mesmo. Quando a depressão tomava conta, a última coisa que Bea queria era participar da vida lá fora. Ela deixava os dias passarem à medida que ia ficando mais velha e mais solitária.

Será que Bea sempre se sentira assim? Perguntamos se alguma coisa em sua vida tinha desencadeado essa situação.

Oito anos antes o último namorado de Bea tinha partido o seu coração e ela tinha chorado durante três anos, lamentando a separação. Decidiu que o amor era doloroso demais e a vida, muito difícil. Ela não deixaria que aquilo acontecesse de novo. E de fato não deixou.

Bea parou de ver os amigos e começou a dar desculpas sempre que recebia um convite. Ela transformou sua casa num refúgio confortável, com enormes sofás estofados e equipou sua bem estocada cozinha com todo tipo de eletrodoméstico moderno. Ela observava o mundo por meio da TV a cabo e a Internet de alta velocidade.

Bea estremeceu ao ver o paralelo entre sua vida atual e a vida passada. Será que ela tinha se tornado outra vez aquela velha senhora na janela?

Na sessão seguinte, Bea imediatamente se conectou com a mulher contemplando a rua da janela. O coração dela estava seco e vazio. Bea o descreveu como o amor transformado em amargura.

O que tinha acontecido com o amor? Pedimos a Bea que retrocedesse no tempo e olhasse. Teria existido um tempo na vida da mulher em que ela conhecera o amor?

Bea se viu menina, nos últimos anos da adolescência. Não havia nenhum sinal de depressão na jovem. Ela era cheia de vida. Os irmãos e irmãs eram muito mais velhos e já tinham se casado e saído da casa dos pais. A garota cresceu com os pais idosos, como se fosse filha única. A casa da família era um lugar silencioso, mas ela era feliz ali. Era jovem e tinha a vida inteira pela frente.

Bea viu um homem, um amigo da família que a mocinha conhecia desde a infância. Embora ele fosse pelo menos uns quinze anos mais velho do que ela, eles eram bons amigos. À medida que crescia, os sentimentos da menina pelo homem foram se transformando de uma paixão infantil em um amor adolescente. Quando tinha 16 anos, ela teve um caso com o homem. Quando estava com ele, ela se sentia forte, desejável e adulta. Não era bem amor, mas era intenso, sexual e poderoso. Eles se encontravam em lugares secretos e faziam amor apaixonadamente em segredo. Ele lhe dizia que ela era bonita e diferente de todas as outras que conhecia. Ele era seu primeiro amante e a garota estava convencida de que o tinha na palma da sua mão. Ela gostava dessa situação. Dentro de alguns anos com certeza ele se casaria com ela.

Então um dia, depois de fazerem amor no seu lugar secreto, num bosque nas cercanias, seu amante lhe disse que tinha ficado noivo de uma mulher a quem fazia a corte havia muitos meses. A garota ficou chocada. A mulher era sua professora na escola. Era velha e nem sequer era bonita. Não tinha nenhum traço da sexualidade ardente e do senso de aventura da jovem. Ele não tinha lhe dito que nunca havia conhecido uma mulher melhor do que ela? Não descrevera a vida sexual dos dois como inebriante e viciante? Os momentos que passavam juntos, fazendo amor, eram tão excitantes que a garota acreditou que havia nisso um tipo de poder que os mantinha juntos. Como ele podia pensar em se casar com outra pessoa?

Pasma e ultrajada, a garota caiu em prantos, cheia de raiva. Aquilo não era certo. Chorando e golpeando-o, ela tentou fazê-lo mudar de ideia, mas seu furor só o deixou frio e distante. Ele tentou assegurar-lhe que ainda seriam amigos, mas ela se recusou a se acalmar. A paciência dele se esgotou, ele a chamou de criança tola e foi embora. Deixou-a como se ela fosse um trapo velho entre as folhas caídas, com o nariz escorrendo e os olhos vermelhos de tanto chorar. A dor da adolescente era uma ferida da qual ela tinha certeza de que nunca se recuperaria. E se ela morresse de amor? Então ele lamentaria o que havia feito com ela. Nunca mais depositaria suas esperanças num homem. Nunca mais confiaria numa mulher. Ferida e nas raias da loucura, a garota se distanciou de todos e caiu doente, passando dias sem sair de casa. Suas notas na escola caíram e, quando a professora tentou conversar, ela rompeu em lágrimas, chamando a mulher mais velha de vadia e ladra. Ela odiava o mundo e desprezava a todos. Por que as outras pessoas eram felizes e ela não?

Ao longo das sessões seguintes, Bea investigou essa vida em profundidade. Ela viu a infância do seu eu passado, sua adolescência tempestuosa e sua velhice solitária. Ficou surpresa com os paralelos entre essa vida passada e as circunstâncias presentes. Assim como fizera a mulher idosa, Bea também tinha se distanciado da vida. Há muito tempo ela não se aventurava a sair nos fins de semana; passava o dia entre a cama, o sofá e a geladeira. Às vezes ela passava semanas sem falar com ninguém além dos colegas de trabalho. Ela achava isso quase ridículo. Embora vivesse com mais conforto do que a senhora idosa, Bea tinha organizado a sua vida de modo a ser autossuficiente. Ela também se ressentia com a felicidade das outras pessoas. Por que elas tinham amor e felicidade e ela estava sozinha?

Apesar do que pensava, ela tinha motivos para ter muitas esperanças. O fato de que estava disposta a se olhar com honestidade significava que havia uma chance real de mudança. Por trás da depressão havia perda, raiva, tristeza e uma mulher que simplesmente queria amar.

A princípio, sentir-se vulnerável lhe parecia extremamente arriscado, mas quando Bea encontrou coragem para olhar de frente sua dor e tristeza há tanto tempo reprimidas, ela entendeu melhor sua depressão. Descreveu-a como um emaranhado de ódio, tristeza e decepção que parecia não ter fim. Bea passou por algumas sessões de profundo extravasamento emocional e ficou surpresa com a intensidade da dor e da raiva que expurgou. Depois dessas sessões expressivas, ela se sentiu cheia de alegria e vitalidade, passou a rir e brincar.

À medida que as emoções dolorosas vinham à tona durante as sessões, Bea se sentia como se estivesse voltando à vida. Antes amuada e rabugenta, agora ela estava começando a ficar mais amável e mesmo sorridente. A nuvem negra que a acompanhava estava se dissipando e ela conseguia ver esperança no horizonte.

Quando outra empresa lhe ofereceu um cargo e um salário melhor, ela a princípio hesitou em fazer a mudança. A líder dentro dela precisava do desafio e Bea sabia que, se não fizesse algo diferente, nada mudaria. Ela aceitou o trabalho.

No nível pessoal, seus conhecidos observaram espantados durante alguns meses à medida que ela deixava de ser uma mulher solitária e taciturna e passava a ser alguém mais confiante e expansiva. Bea gostava cada vez mais de si mesma e isso era evidente. Ela estava até aberta à possibilidade de ter um romance. Se o amor batesse à sua porta, talvez, apenas talvez, ela não o recusasse.

18

PRESO NAS FERRAGENS

Joey

Antes de Joey marcar a primeira sessão, ele queria respostas para uma lista de perguntas. Como funcionava a ISIS e a terapia de vidas passadas? Ela funcionava com traumas desta vida também? A técnica podia levá-lo a um determinado período de tempo que estava perdido em sua memória? Ela o ajudaria com seu transtorno de stress pós-traumático? Joey tinha lido sobre samskaras e me disse que esse era um exemplo contundente de como uma samskara estava afetando sua vida.

O transtorno de stress pós-traumático (PTSD, sua sigla em inglês) é um conjunto de sintomas que resulta de um trauma emocional grave. As pessoas que sofrem desse transtorno geralmente têm pesadelos, *flashbacks* e medo. São hiperalertas e se assustam com facilidade. A síndrome pode afetar a vida da pessoa por um tempo indeterminado e é observada em soldados décadas depois do combate ativo. Alguns dos tratamentos mais eficazes para o PTSD envolvem revisitar o incidente com a ajuda de um terapeuta e falar a respeito repetidas vezes até que a intensidade emocional acabe diminuindo. A ISIS, por dar ênfase à experiência direta e à descoberta da fonte do problema, prometia ser exatamente o que Joey procurava.

Dezoito anos antes, aos 20 anos, Joey tinha sofrido um acidente de carro. Ele estava dirigindo com amigos para pegar uma pizza depois de um dia quente na praia. O sol estava quase se pondo e o céu estava alaranjado. Ofuscado pelo brilho do sol na altura dos olhos, um motorista idoso não viu o carro de Joey vindo na direção contrária e fez uma conversão repentina bem na frente dele. O carro de Joey colidiu com o dele a toda velocidade e capotou. Depois de dar duas voltas completas, o carro parou com o capô dentro de uma vala. Joey não estava usando cinto de segurança e foi atirado violentamente de encontro à lataria do carro. Quando o carro finalmente parou de capotar, ele tinha batido a cabeça com força e estava inconsciente. Os amigos conseguiram se esgueirar para fora do carro, mas Joey ficou preso. Ele só foi retirado das ferragens uma hora e meia depois.

Joey tremia enquanto contava a história. Como era permitido fumar no prédio, ele acendeu um cigarro para se acalmar. O simples relato do acidente fez com que ele voltasse ao passado.

Desde o acidente Joey não dirigia e nem renovara sua carteira de motorista. Ele também fazia o possível para não andar de carro. De casa para o trabalho seriam apenas vinte minutos dirigindo, mas Joey preferia pegar um ônibus e um trem, levando mais de uma hora para chegar. Ele disse que preferia fazer o trajeto lendo em vez de enfrentar o trânsito pesado da hora do rush. No entanto, isso era muito inconveniente quando ele era convocado para participar de uma reunião à noite ou tinha que sair no fim de semana. Na verdade, Joey sabia que era o medo que o impedia de dirigir outra vez.

O acidente assombrava Joey todos os dias da sua vida. Os *flashbacks* que o assaltavam não eram como lembranças comuns. Eles eram imagens vívidas que o deixavam em pânico. Em cada um deles, Joey revivia o momento terrível em que viu o carro vindo na direção contrária à luz do sol poente. Tudo ficava suspenso no tempo quando os dois carros colidiam. Então vinham os *flashes* desarticulados daqueles horrendos noventa minutos em que Joey ficou preso dentro do carro.

Os *flashbacks* aconteciam várias vezes por dia e o pânico e confusão que os acompanhavam o obrigavam a parar o que estivesse fazendo, respirar fundo e se forçar a concentrar-se outra vez no presente. Ele ficava paralisado com os *flashbacks* e não conseguia impedir que eles se repetissem.

Durante um tempo, Joey ficou obcecado com a tarefa de juntar os detalhes de tudo o que aconteceu. Se pudesse encontrar um sentido para as suas lembranças talvez conseguisse se curar afinal. As lembranças dos amigos eram confusas e contraditórias e Joey nunca conseguira ver o relatório que a polícia fizera do acidente. Agora ele esperava deixar essas lembranças para trás vendo todo o traumático acidente do ponto de vista do seu espaço interior.

Explicamos a Joey que a ISIS na realidade não funcionava assim. Em vez de um registro objetivo dos acontecimentos, o que ele poderia encontrar era um registro subjetivo da sua própria experiência. Joey começaria com o que tinha sentido e deixaria que esses sentimentos norteassem o processo.

Recordar o modo como ele se sentia durante os *flashbacks* era fácil. O sentimento de pânico nunca fora inconsciente. Tão logo a sessão começou, Joey já se viu no carro capotando em meio ao barulho da batida e a confusão. Enquanto isso, dentro do carro, ele implorava por ajuda a plenos pulmões. Não queria morrer. Então sua cabeça bateu violentamente em alguma coisa e tudo ficou escuro e em silêncio. Foi um alívio. Ele se sentiu em paz.

Depois disso ele só se lembrava de ter acordado em meio ao caos. Havia pessoas batendo com força na janela do carro e gritando para ele. Os sons eram indistintos e Joey lutava para entender o que diziam. Elas pareciam estar dizendo coisas como "segura as pontas", "vai ficar tudo bem" e "ambulância". Entre a consciência e a inconsciência, Joey se sentia confuso e aterrorizado. Do que elas estavam falando? Por que estavam gritando? Ele gostaria que elas o deixassem dormir em paz. Tentava lhes dizer para não se preocuparem, mas sua voz parecia não sair. Então, num momento de lucidez, ele percebeu que estava preso. Seus braços doíam e a cabeça parecia enevoada. Por que alguém não fazia alguma coisa? Por que não o tiravam dali?

Quando o veículo foi finalmente serrado e Joey, tirado das ferragens, ele estava tão desorientado e assustado que tentou resistir. Havia luz e barulho demais e movimento em toda parte. Ele queria voltar para a escuridão silenciosa.

Nos meses que se seguiram, Joey fez sessões semanais. Além do acidente de carro, outros acontecimentos vieram à tona: quando ele se perdeu num shopping aos 4 anos; quando levou uma surra na escola aos 10; quando sofreu por amor aos 17. Cada uma dessas experiências trazia a mesma sensação de medo e desorientação que ele sentira no desastre de carro. Joey brincou dizendo que ele parecia estar envolvido em camadas de medo.

Junto com os outros acontecimentos do passado, o acidente continuava voltando. Depois de um tempo os *flashbacks* ficaram um pouco diferentes e ele tinha dificuldade para descrever o que estava acontecendo. Em vez do esquecimento, havia a estranha sensação de que algo agradável o aguardava nessa escuridão silenciosa, como uma luz ou uma presença amiga chamando-o. Algumas vezes essa presença estava bem na frente dele, como que o encorajando a se aproximar. Joey queria olhar mais adiante, mas tinha medo. E se ele estivesse olhando a luz da morte? Se ele prosseguisse nesse espaço interior acabaria morrendo? Ansioso, ele se perguntava o que fazer.

Asseguramos a ele que era perfeitamente seguro seguir adiante e que morrer em uma dessas sessões seria um exagero! Havia algo muito bonito na luz para ele descobrir.

Joey foi levado a reviver os noventa minutos que faltavam em seu relato e pedimos que ele descrevesse as características do espaço escuro. Sabendo que não estava sozinho desta vez, ele imergiu cautelosamente na escuridão, deixando que o espaço o envolvesse como tinha acontecido no dia do acidente. E, como Joey tinha intuído, havia algo na escuridão. Ela se rompeu como um véu, revelando uma belíssima luz amarelo-dourada. Ele baixou a guarda e sentiu-se instantaneamente envolvido pela sua calidez. Logo a luz dourada preencheu todo o espaço e Joey se sentiu exultante. Sentiu-se indescritivelmente bem. Tudo o que ele queria era permanecer ali.

Joey ainda via a cena do acidente, mas agora o dourado se sobrepunha a ela. Ela estava com ele dentro do carro à medida que ele pairava entre o espaço interior e a consciência de vigília. Fora do carro amassado, as pessoas corriam freneticamente, gritando, enquanto os amigos sentavam-se, desorientados, no meio-fio. O trânsito foi desviado, enquanto os motoristas diminuíam a velocidade para olhar o carro capotado dentro da vala. Enquanto a ambulância se aproximava em meio ao trânsito, o sol poente parecia se misturar com a luz dourada, tingindo tudo com matizes vermelho-dourados.

Joey deixou-se levar para a escuridão pacífica, pela primeira vez totalmente consciente. O espaço escuro estava banhado de luz e ele sentia uma presença, algo diferente de tudo o que conhecia. Ela fazia com que se sentisse amado, como se nunca mais fosse sentir solidão. Se isso durou alguns segundos ou algumas horas, Joey não sabia dizer, mas nesse período ele conseguiu ter um vislumbre do infinito.

Durante quase toda a sessão, Joey ficou junto a essa presença amarelo-dourada, mal conseguindo pronunciar uma palavra. A luz deslumbrante lhe trazia cura e era mais fácil recebê-la em silêncio.

Posteriormente, Joey descreveu o que tinha acontecido. Até então, durante os *flashbacks* ele se sentira muito sozinho no carro. Desta vez a luz dourada tinha feito com que ele se esquecesse momentaneamente de que estava preso dentro do automóvel. Interiormente, ele se sentia livre e amado. Era a coisa mais bela que já tinha vivido. Ele não sabia dizer por que, mas sabia que essa luz era para onde iria no final da vida. Como Joey ficara muito próximo da morte, no momento do acidente, ele tinha recebido a bênção de se encontrar com a luz brevemente. Dali em diante ele saberia que ela estava lá, ciente de tudo o que ele fazia, até o dia em que ele novamente a encontrasse. Joey entendeu que a vida e a morte não estavam separadas como ele pensava, e se sentia imensamente confortado por isso. Havia anjos esperando por ele e seu lar espiritual estava a um suspiro de distância.

Algumas semanas depois Joey parecia um novo homem. Desde aquela sessão significativa, os *flashbacks* do acidente, e todo o pânico e desorientação que os acompanhavam, cessaram completamente. Joey até tentou fazer um teste pensando no acidente, mas os *flashbacks* que o haviam assombrado durante anos simplesmente não apareceram. Toda a coisa tinha se tornado uma lembrança bidimensional como todas as outras, que não evocava mais emoção do que uma lista de supermercado.

Joey estava felicíssimo. A síndrome PTSD o acompanhava havia tanto tempo que ele já a considerava uma parte de si mesmo. Agora, os pensamentos sobre o acidente se misturavam com a lembrança da luz amarelo-dourada e com o amor que ela irradiava por ele.

O hábito de Joey de evitar qualquer veículo a motor também desapareceu. Ele contou que agora se sentia "muito bem" dentro de um carro. Para usufruir da sua liberdade recém-conquistada, ele tinha pedido à esposa para levá-lo de carro a todos os lugares que lhe ocorressem. De repente a cidade e seus arredores ficaram cheios de lugares interessantes para se ir de carro e Joey queria visitar todos eles.

Depois de anos sofrendo de um medo paralisante, Joey estava ansioso para renovar sua carteira de motorista e pensava em comprar um carro novo. Ele já tinha andado de ônibus e trem por tempo demais. A PTSD tinha sido curada e era hora de aproveitar todas as possibilidades empolgantes que a vida reservava para ele.

19

KARMA OU SAMSKARA?

Sabendo que muitos padrões de emoção e comportamento são causados por samskaras, o que podemos dizer do karma? O karma é muitas vezes considerado a causa de várias coisas que na realidade são provocadas pelas samskaras. Muitas vezes ouvimos pessoas queixando-se de coisas como: "Abandonada outra vez! Deve ser meu karma! O que eu preciso fazer para aprender essa lição e poder seguir em frente?"

E se não se tratar de karma, mas de uma samskara que está causando a "lição" em questão? Quando se trata de uma samskara, existe uma maneira de se investigar o padrão emocional e resolver a questão.

Uma diferença básica entre samskaras e karma é que as samskaras são criadas pela intensidade emocional, enquanto o karma é criado pelas atitudes. Outra diferença entre os dois é que as samskaras são impressões psicológicas causadas pelas reações e emoções de uma pessoa, e guardadas na mente subconsciente. Embora sejam quase inacessíveis à mente consciente comum, as samskaras são uma parte intrínseca de nós, que influenciam mecanicamente a maneira como vemos e vivenciamos o mundo. Essa é a razão por que, por meio de profundas técnicas psicoterápicas, como a ISIS, é possível explorar as samskaras e neutralizar suas influências.

O karma, por outro lado, não faz parte da constituição individual da pessoa. Na tradição indiana, classicamente o karma é considerado um princípio por meio do qual as consequências das ações das pessoas são refletidas de volta para elas a partir de um lugar além do nível humano. Com o significado literal de "ato" ou "ação" em sânscrito, o karma é uma lei universal de causa e efeito. Ele cria circunstâncias positivas ou negativas dependendo do que a pessoa fez e das suas escolhas. De acordo com essa visão, depois que as forças do karma foram colocadas em ação, nada ou quase nada pode ser feito para evitar as consequências. Essa é uma situação muito diferente do domínio das samskaras, onde existe bastante espaço para a mudança de atitude e cura pessoal.

Pode-se pensar, então, no karma como um princípio regido por algo superior na criação. Seu mecanismo pertence a esferas tão distantes da consciência humana que são inacessíveis a nós. Não admira que, segundo supõem algumas pessoas, quando coisas inesperadas acontecem, a razão muitas vezes é o karma.

Como exemplo, considere um assassino treinado que assalta e mata seu alvo a sangue frio. Se o matador não fizer nenhum investimento emocional no ato de matar, não criará nenhuma samskara, mas seus atos resultarão em karma, como acontece com todos os atos. De acordo com a lei do karma, de algum modo, no futuro, as repercussões dos atos do matador exercerão um impacto na sua vida.

Agora imagine o lado da vítima na história. Quando o alvo do assassino vê um homem armado perseguindo-o nas sombras, ele fatalmente sentirá várias emoções intensas. Dependendo da magnitude dessas emoções, elas deixarão uma impressão samskárica maior ou menor. Essa impressão influenciará suas atitudes e comportamento na vida ou vidas seguintes. Para a vítima, embora o karma existente possa (ou não) ter em parte determinado o ataque que sofreu, este não gerou nenhum karma, pois ela não criou ativamente a situação.

Nessa história, o matador acumulou karma por meio do seu ato, mas não atraiu nenhuma samskara devido a ele. Sua vítima, por outro lado, adquiriu uma samskara devido ao ataque, mas nenhum karma.

É fácil ver como as samskaras podem se autoperpetuar. Imagine uma menina que perde o contato com o pai depois que os pais se divorciam. A perda de contato provavelmente cria uma samskara de abandono, que mais tarde é reforçada cada vez que um dos seus relacionamentos terminar. Com medo de ser ferida outra vez, a mulher pode se tornar cada vez mais retraída e desconfiada, fechando-se para a intimidade e precipitando o fim de cada relacionamento sucessivo. Olivia estava vivendo justamente esse padrão. Sua atitude hostil afastava as pessoas e criava um mundo onde ela tinha que lutar por qualquer coisinha. Quando Olivia tratou a samskara que provocava a hostilidade, tudo começou a mudar na sua vida.

Claro que pode haver quem diga que ter uma determinada samskara era o karma da pessoa, e em alguns aspectos isso não está errado. Teorias à parte, porém, é um fato visível que, quando as pessoas tratam suas samskaras, a vida delas melhora, às vezes radicalmente. Isso não condiz com a filosofia segundo a qual o karma é a causa de todos os acontecimentos na vida.

Samuel Sagan, que fundou a Clairvision School, faz menção a dois professores do século XX que tinham visões bem diferentes do karma: Rudolf Steiner e Sri Aurobindo. Steiner escreveu uma obra extensa em doze volumes sobre o tema, na qual descreve em detalhes sua visão dos mecanismos do karma. Sri Aurobindo também escreveu sobre o karma, enfatizando sempre o senso de integridade da pessoa, sejam quais forem as consequências. Sem esmiuçar os ensinamentos desses dois visionários, vale a pena observar que eles não viam o karma exatamente do mesmo jeito, nem colocavam nele a mesma prioridade.

Os mecanismos do karma são inegavelmente complexos e difíceis de analisar. No entanto, a mensagem que eu quero transmitir aqui é simples. Nem todo padrão de negatividade ou destruição se deve ao karma. Muitos deles têm uma origem muito menos distante. Essa é uma boa notícia. Com os instrumentos certos, até as amarras emocionais e psicológicas mais fortes podem ser rompidas. Tenho observado em primeira mão muitas centenas de pessoas que passaram a ter uma vida muito melhor após tratar suas samskaras. Elas descobriram uma sensação de liberdade cada vez maior depois que seus condicionamentos foram substituídos pela lucidez de uma consciência mais elevada.

20

SONHOS ANTIGOS

Frida

Como se tivesse acabado de entrar em casa depois de recolher seus cavalos, Frida se sentou, abriu um sorriso e atirou o chapéu no chão, ao pé da sua cadeira. A fazenda onde trabalhava ficava a poucas horas de estrada e Frida estava acostumada a usar o tempo de viagem para refletir sobre o que diria. Ela nem sabia direito qual era o problema; só sabia que queria mais da vida.

Frida passou a infância no rancho de cavalos da família, mas quando fez 12 anos o pai caiu doente e a família foi obrigada a vender a fazenda e a se mudar para a cidade. Frida detestou morar numa casa de subúrbio e imediatamente começou a fazer planos para voltar para o campo tão logo pudesse. Optou por estudar numa escola que tinha um curso profissionalizante em estudos agrícolas e equestres, depois fez faculdade de administração de negócios rurais, tudo com o objetivo de ter sua própria fazenda um dia.

Aos 27 anos, Frida estava a caminho de conseguir atingir seu objetivo. Ela tinha planos para se casar com seu namorado de muitos anos e comprar com ele um haras. Seu sonho era recriar a felicidade que tivera na sua infância na fazenda, para poder proporcionar o mesmo aos filhos. Mas, apesar de tudo o que tinha conseguido, Frida ainda se sentia infeliz e na maior parte do tempo cumpria suas obrigações nos estudos e no trabalho sem um interesse ou entusiasmo verdadeiros. Estava sempre pensando, "A vida deve ser mais do que isso".

Frida era uma pessoa direta e sem tempo para bobagens. Ela sentia que seu mal-estar era algo interior, mas não tinha ideia do por que e achava que precisava investigá-lo a fundo.

Algumas semanas depois de começar suas sessões regulares, Frida viu-se na pele de uma jovem num longo vestido bege, carregando um jarro de água na cabeça. Embora vivesse num templo, a mulher não era uma sacerdotisa, só alguém que cuidava do templo. Ela sonhava em ser sacerdotisa em suas devoções diárias, mas o protocolo a impedia de entrar nos santuários até que a última sacerdotisa tivesse ido embora.

O templo em que ela vivia era um lindo lugar, com altos pilares brancos, piso de pedra e um pátio silencioso pelo qual soprava uma brisa quente sob o céu azul. As sacerdotisas, trajando longas túnicas, andavam entre os santuários, saudando umas às outras quando passavam.

O que a moça mais adorava era o tempo que passava sozinha nos santuários, depois que as sacerdotisas acabavam seus rituais. Sozinha, ela se sentava no santuário, banhada pela luminosidade prateada que havia no espaço e continha as bênçãos dos deuses que a elevavam e inspiravam.

De início, a experiência como garota do templo fez com que Frida se sentisse fantástica. Por meio da sua devoção, a jovem vivia mais próxima dos deuses que servia do que muitas das sacerdotisas, apesar dos seus títulos e posições oficiais. Em tudo ela de fato sentia o amor do Divino, fosse rezando, limpando o chão ou recolhendo alimentos das oferendas. Sua devoção inocente era sua força motriz em direção à luz.

A jovem estava insatisfeita com seu papel no templo e gostaria de poder tomar parte das cerimônias. Por que não tinha nascido numa família que lhe concedesse o direito de se sentar em meio à energia inspiradora do templo todos os dias? Rezavam os costumes que as zeladoras dos templos nunca seriam sacerdotisas e ela lamentava o destino que a aprisionara na vida errada.

À medida que os anos passavam, a aspiração da jovem e o anseio da sua alma aos poucos foram se transformando em ressentimento, até que sua má vontade acabou por distanciá-la de tudo o que queria. Cheia de autopiedade, ela se tornou insensível ao templo e às suas diáfanas energias. Tudo o que sentia era o próprio descontentamento.

Mesmo enquanto sentia o ressentimento da zeladora do templo, Frida também via que as sacerdotisas não eram tão espiritualizadas ou devotadas como seu eu passado imaginava. Muitas delas divagavam durante as orações e cerimônias, com uma aspiração espiritual não maior do que a dos animais nos campos. Em comparação, o anseio constante da jovem tinha tornado-a receptiva à luz e à presença de seres superiores. Se ela não estivesse tão preocupada com o que não tinha, cada momento da sua vida singela poderia ter sido vivido em alegre comunhão com as forças espirituais pelas quais tanto ansiava.

No final da sessão, Frida abriu os olhos e permaneceu em silêncio por um longo minuto, reajustando-se ao século XXI. O desejo ardente que sentia como a jovem do templo era bem parecido com a inquietação que ela mesma sentia. A única diferença era que Frida não tinha pensado antes nesse sentimento em termos de deuses ou luz espiritual. A Frida de hoje só queria que sua vida tivesse mais significado.

Por que a jovem do templo tinha se tornado tão insatisfeita com a própria vida? Talvez a causa estivesse num passado ainda mais remoto.

Na sessão seguinte, Frida tentou detectar o mesmo anseio numa época ainda mais distante, antes da garota do templo. Ela se viu em outro templo, desta vez como uma mulher madura, com uma presença marcante. Vestida com uma túnica de um azul-escuro e segurando uma pequena lamparina nas mãos, ela liderava um grupo de sacerdotisas numa oferenda devocional. Numa capela abobadada, elas deixavam frutas, flores e grãos sobre o altar enquanto entoavam cânticos à generosidade dos deuses.

A mulher tinha uma força silenciosa e uma sabedoria que era fruto do seu amor pelo Divino. Seu papel era honrar e glorificar as divindades das pessoas e transmitir seu conhecimento de tudo isso às sacerdotisas mais jovens sob os seus cuidados. A coisa que ela mais queria transmitir às suas jovens discípulas era o amor pelo Espírito, que dava significado à sua vida. Ela levava as pupilas a entrar num estado de exultante semitranse só para que elas pudessem sentir esse amor. Suas práticas diárias deixavam a câmara do templo repleta de luz e da presença dos deuses. O espaço que elas criavam nutria e abençoava a todos que ali entravam. O corpo inteiro de Frida tremia enquanto ela descrevia a experiência.

A natureza devotada da alta sacerdotisa levou-a a ver a divindade em tudo. Banhar-se significava ser purificada pela pura divindade da água e respirar era sentir o fluxo do Espírito através dela. Os deuses eram seus pais, mães, amantes e mentores ao mesmo tempo. Ela os servia por meio da sua devoção e compartilhando seu sentimento de assombro e reverência com os outros.

Conhecer a vida da sacerdotisa foi uma grande surpresa para Frida. A alegria vibrante que envolvia seu eu passado estava a anos-luz da visão habitual de Frida com relação à espiritualidade, que ela equiparava apenas a um dogma religioso ou ao discurso superficial da nova era, que nada tinha a lhe oferecer. Ela sabia que algo faltava em sua vida e não era casamento, terras ou sucesso profissional. Agora ela estava surpresa ao descobrir que se tratava da aspiração de viver mais em sintonia com sua natureza espiritual. Esse anseio sincero era uma experiência espiritual em si, e talvez a mais real que ela já tinha pedido.

No entanto, uma pergunta ainda ficara sem resposta: como Frida tinha passado da vida de devoção da alta sacerdotisa para a zeladora ressentida do templo e depois para a mulher insatisfeita do presente? Algo devia ter dado errado a certa altura. Nas sessões seguintes, orientamos Frida a explorar essa questão.

Ela viu algo terrível começar a acontecer no templo da alta sacerdotisa. A luz e a presença espirituais que tudo significavam para seu eu passado começaram a enfraquecer. Em suas cerimônias devocionais, ela começou a ter visões pavorosas da terra sendo devastada por vulcões, tempestades e terremotos. As sacerdotisas começaram a discutir umas com as outras e algumas delas caíram doentes. O impensável aconteceu. O templo costumava ser um lugar onde o mundo físico e os reinos espirituais se encontravam, mas agora, aos poucos, a presença familiar e constante dos deuses estava cada vez mais vaga e distante.

A princípio, a alta sacerdotisa apegou-se tenazmente às forças espirituais em que confiava. Certamente elas não a abandonariam agora. Mas não havia como negar o que estava acontecendo. A luz do Espírito estava se afastando do seu mundo e não havia nada que ela pudesse fazer para impedir que isso acontecesse.

Não demorou muito até que a sacerdotisa passasse a viver o dia a dia em sofrimento e a lamentar os estados gloriosos de consciência em que vivia antes.

Para o eu passado de Frida isso era insuportável, especialmente porque, como muitos outros que tinham previsto os desastres, a sacerdotisa era impotente para mudar o que via. Em desespero, ela tentou em vão se agarrar ao mundo que conhecia.

Frida se sentiu extremamente triste. Pela primeira vez nas sessões ela chorou lágrimas silenciosas, sentindo um profundo pesar dentro do coração e uma sensação de devastação na boca do estômago. Frida percebeu que fizera exatamente a mesma coisa nesta vida. Tinha tentado se afastar da mudança como se pudesse deter a passagem do tempo apegando-se às lembranças do passado.

Frida explorou a vida da sacerdotisa durante mais algumas sessões. Quando sentiu a dor há tanto tempo reprimida no ambiente seguro da terapia, uma sincera aspiração espiritual começou a brotar dentro de si. Frida refletiu sobre o impacto que as sessões tinham exercido sobre ela. Disse que achava esquisito andar na rua depois de uma sessão e ainda sentir a antiga sacerdotisa tão tangível. Ela parava no supermercado, parava para almoçar e dirigia pela cidade normalmente, mas tudo parecia um sonho de um mundo de papel. Para Frida era como se tivesse deixado seu eu verdadeiro num templo antigo, milhares de anos atrás, e passado a viver num mundo de asfalto, ar-condicionado e shopping centers.

Os profissionais que trabalham com a IST sabem como é se sentir assim. Depois de passar uma manhã inteira imersos nas vidas passadas de outras pessoas e em estados sutis de consciência, pode parecer irreal andar em meio ao tráfego, aromas de refeições e restaurantes cheios de gente. Essa perspectiva alterada é uma lembrança de que nada nem ninguém é exatamente o que parece. Somos na realidade seres espirituais passando uma temporada no mundo físico.

Várias sessões depois, Frida teve uma experiência profunda. Ela tinha voltado à sua vida como sacerdotisa quando de repente foi projetada para muito acima dela mesma, tanto no passado como no presente. De repente ela viu muitas vidas ao mesmo tempo, como que sobrepostas umas às outras. Havia a zeladora do templo ansiando pela luz, a alta sacerdotisa e a Frida de hoje deitada no colchonete. O espaço em torno dela se tornou mais amplo, como uma grande catedral abobadada. Frida se sentiu enorme e reluzente, brilhando como um anjo.

Em silêncio, a luz não física banhou-a por inteiro. Frida se tornou um fio indestrutível de luz no espaço interior. Um fragmento de Deus a caminho de casa. Visto dessa maneira, seu caminho era uma missão que não podia falhar. A luz de Frida pode ter ficado escondida por um tempo, nas trevas deste mundo, mas nunca poderia ser destruída. A luz estava lhe mostrando um vislumbre da natureza eterna dos seres humanos.

A experiência não foi nada menos do que uma graça para Frida. Ela nunca mais se viu da mesma maneira. Saber intelectualmente que ela era uma alma imortal era muito bom, mas dali em diante ela sabia isso no coração. Essa era a coisa mais real que ela já tinha sentido, o elemento que faltava e que ela tanto procurava. O significado da vida não era um pote de ouro místico no final de um arco-íris fugidio. Era um princípio vivo do Espírito dentro dela mesma.

Depois disso Frida passou a ver suas ambições sob uma nova luz. Evidentemente, o desejo de ter sua própria fazenda vinha da nostalgia da sua infância feliz. Para ela a vida na fazenda significava paz e simplicidade. Agora que sua inquietação e quase depressão tinham se transformado, Frida descobriu que seu mundo estava se expandindo com novas possibilidades. Antes de assumir o compromisso de ser proprietária de terras, ela podia fazer uma excursão à Amazônia ou aos Andes com o noivo, talvez morar lá por um tempo. Ou podia voltar para a universidade e fazer um curso relacionado ao meio ambiente. Agora que não estava tão presa aos seus rígidos planos de vida, ela se perguntava por que nunca tinha pensado nisso antes.

No final, Frida decidiu que queria viajar, não para outro país, mas para dentro de si. Se havia descoberto tanto sobre si mesma em poucas semanas, o que ela poderia descobrir se continuasse esse processo durante um ano? Sua inquietude existencial tinha mudado de foco e, com ela, seu sonho de uma vida inteira de possuir sua própria fazenda. Será que tudo isso se devia à samskara não resolvida da sacerdotisa de tanto tempo atrás? Antes que Frida se comprometesse com qualquer plano de ação, ela queria fazer tudo o que pudesse para ter certeza de que suas grandes decisões na vida seriam fruto do seu livre-arbítrio, não de emoções enterradas há muitas vidas.

Frida não só se sentia mais interessada pela vida e comprometida com ela, como irradiava entusiasmo. Uma amiga quis até saber que nova vitamina ela estava tomando e outra perguntou se ela estava vivendo um novo caso de amor. Frida quase disse sim. Ela tinha descoberto seu caso de amor há muito esquecido com o Espírito. Quando sentiu a devoção da sacerdotisa antiga, algo dentro dela reencontrou seu lugar. Agora ela queria se tornar mais parecida com o seu eu passado, sempre sintonizada com o aspecto mais elevado do seu ser.

21

ABANDONADA PARA MORRER

Pella

Pella era uma cineasta interessada em fazer um documentário sobre a terapia de vidas passadas. Ela estava ansiosa para conhecer a técnica ISIS, mas enfatizou que seu interesse era apenas profissional. Ela própria não estava precisando de nenhuma terapia. Perguntou se era preciso ter um problema de vida passada para que a técnica funcionasse.

Explicamos que o desejo de resolver problemas certamente não era o único modo, ou motivo, para investigar vidas passadas. A técnica funcionaria perfeitamente se Pella estivesse disposta a se manter aberta a qualquer informação que pudesse vir à tona.

Ao conduzirmos Pella até o seu espaço interior, houve impressões claras de uma criança pequena, assustada e sozinha. Perguntamos a ela o que estava sentindo.

Ela estava fria e trêmula, dizendo que sempre fora hipersensível ao frio. Ela estava coberta com uma manta quente, mas isso não fazia a mínima diferença, pois o frio que sentia não tinha nada a ver com a temperatura da sala. Ele vinha de dentro dela e estava carregado de medo. Para Pella, imersa no seu espaço interior, a distinção entre medo e frio não era clara de maneira nenhuma. O tremor parecia atingir seus ossos e ela estava apavorada.

Mais impressões vieram. Pella sentiu que estava sozinha, encolhida num lugar escuro. Estava gelada de frio e assustada, abraçada aos joelhos e tentando se aquecer. Tinha a impressão de que era uma garotinha muito pequena, talvez com 3 ou 4 anos. Ao seu redor, havia as paredes pedregosas de uma caverna, iluminada apenas com uma fresta de luz diurna que vinha da entrada. No fundo da caverna, a menina via os contornos escuros das rochas e de estalactites denteadas que, aos seus olhos, pareciam monstros rastejantes na escuridão.

A criança tinha sido deixada ali pelos pais. Eles a fizeram se sentar e lhe disseram com firmeza que não saísse daquele lugar até que eles voltassem para buscá-la. A menina entendeu que havia perigo fora da caverna e tinha prometido esperar por eles no esconderijo escuro. Mas parecia que já tinha se passado muito tempo. Ela estava com fome e com frio, e as sombras pareciam cada vez maiores e mais escuras à medida que ela continuava sentada ali.

A criança enfiou a cabeça entre os braços cruzados e se enrodilhou no chão. Se ficasse bem quieta e pequena talvez os monstros não a vissem. Ela estava terrivelmente assustada. E se a família nunca mais viesse buscá-la? Talvez algo horrível tivesse acontecido a eles. Ou pior: e se eles tivessem se esquecido dela?

A criança se perguntava se deveria se arriscar a sair da caverna para dar uma espiada lá fora, mas os pais tinham dito para ela ficar ali e ela não sabia se era seguro do lado de fora. Então ela se sentou quietinha na pedra fria, ouvindo o gotejar da água na escuridão e esperando... esperando...

Com o olho da mente a garotinha podia ver as costas dos pais e de outras pessoas quando eles saíram da caverna. Eles pertenciam a uma pequena tribo primitiva com longos cabelos trançados e roupas muito rudimentares. A criança pensou no pai. Um homem levemente recurvado, de cabelos castanhos e sorriso torto. Ela sentia tanta falta dele, precisava tanto dele naquele momento. E se estivesse morto? A imagem dele e dos outros desaparecendo em direção à boca da caverna a assombrava. Nenhum deles olhara para trás. Era como se já tivessem se esquecido dela.

Corajosamente ela se levantou e andou em direção à luminosidade acinzentada da entrada da caverna. Perto da entrada ela vislumbrou o contorno dos topos das árvores contra o céu pálido e se sentiu um pouco mais tranquila. Pelo menos ela sabia como sair dali. Confusa e assustada, desejou que houvesse alguém ali para lhe dizer o que fazer.

Longas horas se passaram. Congelando de frio e morta de fome, ela só conseguia pensar no seu clã. Via imagens deles sendo massacrados, deitados no chão de terra com as cabeças cortadas. Ela tinha visto coisas como essa acontecerem uma vez, mas com estranhos. Mas não saberia dizer se as visões eram imaginação ou intuição.

Tudo nela doía. Por que eles a tinham deixado ali? Como puderam fazer aquilo? Ela não deveria significar nada para eles. Ela podia simplesmente morrer ali, sentindo-se esquecida. Como poderia sobreviver sem essas pessoas? Será que eles não tinham pensado nisso? Eles deveriam cuidar dela, ela era um deles. Com um tremor, perguntou-se se haveria algo de muito errado consigo. Ela tinha certeza de que fora abandonada. A garotinha nunca se sentira tão assustada e sozinha em toda a sua vida.

Pella sabia muito bem o que era se sentir sozinha e abandonada. Quando pequena, ela se agarrava à mãe cada vez que ela a deixava na creche. Os primeiros tempos na escola foram um pesadelo – ela chorava todos os dias. Como Pella observou, o medo de ser deixada ali era bem parecido com o que a criança sentira na caverna.

Durante a semana, Pella teve mais *insights* sobre o que tinha sentido. O abandono era um padrão ao longo da sua vida. Os namorados em potencial que tinham prometido telefonar nunca cumpriam sua promessa. Enquanto esperava pelos telefonemas, Pella se sentia como aquela criança na caverna. Por que eles não telefonavam? O que havia de errado com ela?

Agora fascinada, Pella chegou para a segunda sessão. Ela logo restabeleceu o contato com a mesma vida passada. O frio. A caverna. A criança aterrorizada. Os pais que a deixaram e nunca voltaram.

Para a criança parecia ter se passado uma vida desde aquela manhã em que ela tinha entrado na caverna de mãos dadas com o pai. Cansada do frio e da fome, ela viu fragmentos de imagens confusas e semelhantes a sonhos. Elas espiralavam em torno de si como fumaça no espaço escuro. O pai, com os longos cabelos e o jeito de olhá-la que lhe dizia que ela era especial. Ao lado dela, a mãe, exausta enquanto amamentava o bebê mais novo. Ela viu os homens com suas lanças de caça, as mulheres carregando bebês, as crianças mais velhas correndo... relances de montanhas com picos cobertos de neve à distância... vales verdejantes... rios de águas verdes e profundas, cheias de peixes...

Havia mais visões aterrorizantes também. Havia as das pessoas assassinadas, caídas ao sol, com chacais e corvos se alimentando de sua carne. As imagens iam ficando cada vez mais confusas e assustadoras e era difícil para a garotinha distinguir memória de imaginação. Às vezes ela parecia ouvir vozes chamando-a e passos se aproximando, mas ninguém nunca aparecia. Era apenas a água pingando. Do lado de fora, a noite caía. A escuridão era cada vez mais espessa e opressora, até que a criança não conseguia mais distinguir as sombras escuras no fundo da caverna. Ela sabia que os monstros estavam escondidos lá, esperando que ela dormisse.

Durante um longo tempo, o medo a manteve acordada. Por fim, as pálpebras começaram a pesar e ela se deitou no chão frio de pedra, sonolenta demais para se sentir apavorada, com fome ou até mesmo com frio. Um torpor bem-vindo a dominou. A garotinha fechou os olhos.

A escuridão era reconfortante e cheia de sonhos. Dormir seria fácil agora. Seria tão bom sair da caverna fria, com suas sombras ameaçadoras. Ela relaxou um pouco mais e as imagens se tornaram mais abstratas, como num sonho. As sombras assumiram matizes coloridos e ela sentiu como se estivesse dando cambalhotas e rodopiando como uma pena. Então estava voando sobre o topo verde das árvores sob uma chuva morna, caindo do céu como uma gota de chuva e aterrissando suavemente em águas muito azuis. Havia o som do canto de passarinhos em meio ao capim alto e flores que cantavam para ela. Antes que a criança pudesse ouvir o que elas cantavam, as flores se transformaram em estrelas e iluminaram a noite com sua risada.

Essas imagens eram uma pista clara de que a criança não estava mais no corpo físico. Teria morrido ou estaria oscilando entre a vida e a morte? Perguntamos a Pella o que estava acontecendo com a criança da caverna agora. Ela voltou a visão interior para a caverna novamente. O pequeno corpinho estava quieto ali, ainda enrodilhado no chão de pedra, morto, e a garotinha não iria voltar para ele. Ela estava num lugar muito melhor agora.

Quando se sentou, Pella se parecia com uma criança que tinha acabado de ver um anjo, os olhos brilhando de deslumbramento. Então a morte era assim? De verdade? Ela sempre pensara na morte como algo frio e estúpido, nada parecido com aquela experiência convidativa e cheia de alegria. Em algum nível sem palavras, a morte e o frio sempre lhe pareceram inseparáveis. Agora, no entanto, ela tinha vivido a morte como algo bonito, e era fácil ver a sua sensibilidade ao frio pelo que ela era – a manifestação de uma samskara. Morrer de hipotermia naquela caverna fria tanto tempo atrás tinha deixado Pella com um medo profundamente arraigado do frio.

Duas semanas depois, ela me telefonou dizendo que tinha decidido adiar o documentário. Depois de suas experiências no espaço interior, ela queria fazer tudo diferente, com mais pesquisa e um orçamento maior para os efeitos especiais. Nesse meio-tempo, ela tinha agendado uma vivência de ISIS, onde poderia passar um final de semana inteiro investigando suas vidas passadas.

Quase por acaso, Pella mencionou que tinha descoberto um novo sentimento de calma depois das sessões de terapia. Como tinha chegado à fonte da profunda sensação de ansiedade que sentia com relação ao frio, ela tinha perdido muito da sua intensidade e não criava mais tanto stress de um modo subliminar. Ela riu, lembrando-se que achava que a terapia de vidas passadas era só para quem tinha problemas. Agora sua opinião era bem diferente. Ela gostaria de ter feito a terapia muito tempo atrás.

22

VÍCIO

Elaine

Aos 37 anos, Elaine já tinha visto muita coisa. Médica como o marido, ela tinha passado os últimos dez anos trabalhando em ações humanitárias na África, tratando pacientes com AIDS e dirigindo programas de treinamento em higiene e nutrição. Elaine e o marido estavam passando alguns meses em seu país natal, para um descanso mais do que necessário, antes de decidir se voltariam para outra missão na África.

Intuitiva, Elaine muitas vezes tinha visões relacionadas a pessoas e acontecimentos na vida delas. Os colegas e amigos brincavam dizendo que ela devia começar a cobrar pelas suas leituras psíquicas. Algumas vezes tinha vislumbres de vidas passadas e isso a deixava curiosa. Quem ela teria sido no passado?

A sessão de Elaine começou com uma leve dor do lado direito do abdome. Logo ela foi acompanhada da sensação desagradável de estar sendo forçada a ficar debaixo d'água. Alguém a estava afogando. A água estava fria e a sensação de ser empurrada era tão real que, a princípio, Elaine ofegou, com falta de ar. À medida que começou a se identificar mais com a experiência, ela começou a se acalmar. Embora estivesse se afogando, por alguma razão não sentia pânico. Na verdade, Elaine tinha a estranha sensação de não estar ali. Era como se estivesse meio adormecida ou entorpecida, como se as coisas não estivessem no lugar certo ou nas proporções certas. A água em torno dela era suave, vagarosa, como se tudo fosse um sonho. A mulher que era o eu passado de Elaine não estava lutando. Ela encarava a morte, mas mal podia sentir seu corpo.

Levamos Elaine a voltar um pouco mais no tempo. O que tinha acontecido antes do afogamento? Como ela tinha ido parar naquela situação?

A dor no abdome piorou quando Elaine foi mais fundo. Logo ela se sentiu como uma garotinha, andando com a avó. As duas estavam colhendo flores e plantas num prado no alto de uma montanha. Abaixo delas a menina podia ver o vilarejo. Acima, o sol aquecia suas costas.

A criança adorava ajudar a avó. Juntas elas colhiam galhos, flores e plantinhas para secar em casa. A anciã estava ensinando a neta sobre plantas medicinais e nos dias seguintes as ervas se tornariam preciosos remédios.

Então, novas impressões vieram a Elaine. O mesmo lugar. Uma outra época. Uma mulher de meia idade estava colhendo frutinhas silvestres de um arbusto. Elaine reconheceu-a como a garotinha, mas três ou quatro décadas depois.

Cuidadosamente, a mulher escolhia as frutinhas mais maduras. Quando o cesto ficou cheio, ela voltou para casa, onde havia muitas caixas, jarros e livros. Nas paredes, estavam pendurados muitos feixes de folhas para secar. No centro do cômodo havia uma grande mesa coberta com pilhas das mesmas frutinhas roxas em vários estágios de preparação.

A mulher fez um feixe de galhos de frutinhas frescas e pendurou-o na viga do telhado. Depois que estivessem secas, ela iria assá-las e depois moê-las até que virassem um pó branco e fino. Ela era sistemática, precisa e completamente devotada ao trabalho. Havia anos que fazia esse preparado. Regularmente ela verificava os arbustos para colher frutinhas maduras e todos os dias se assegurava de que os estoques de pó branco estavam completos. Cada frutinha e cada grão de pó branco eram preciosos. Elaine reparou que a dedicação da mulher ao trabalho beirava a obsessão.

Algo parecia esquisito na herbalista. Pedimos a Elaine que visse o que ela fazia com o pó. Por que era tão importante para ela?

O pó era um poderoso analgésico. A mulher o vendia em pacotinhos para qualquer um que batesse à sua porta. Seus clientes dependiam dele e alguns sofreriam muito se seus estoques acabassem. No entanto, a herbalista era obcecada pelo seu analgésico caseiro porque ela mesma era viciada nele.

Bastava uma pitada do pó branco três a quatro vezes por dia para que ele fizesse o efeito que ela queria. O pó aliviava uma dor de outro modo constante e provocava um estado agradável de torpor. Às vezes a dose ficava mais forte do que a de costume e, durante algumas horas, ela tinha a deliciosa sensação de que tudo estava de pernas para o ar.

A dor de lado que a mulher tinha era exatamente no mesmo ponto da dor que Elaine sentira no começo da sessão. Ela não se lembrava de tê-la sentido antes. Só tinha começado quando ela entrara no espaço interior. O que significava exatamente?

Elaine notou que, quando estava imersa na experiência de vidas passadas, a dor aguda piorava. No entanto, se ela abria os olhos e saía do espaço interior, imediatamente a dor começava a diminuir. Não era uma dor física, mas a manifestação de uma samskara. A dor também era uma ligação direta com a vida passada que ela estava investigando.

Numa sessão posterior, Elaine viu a herbalista na juventude, talvez com 18 anos de idade. Com a cabeça coberta com um gorro amarrado no queixo, ela pendurava no varal roupas lavadas tiradas de um cesto. A cada poucos minutos ela parava o que estava fazendo e se curvava de dor, segurando o lado esquerdo até a dor passar. Elaine a viu colocando um bebezinho na cama. A mesma dor a afligia, como uma faca enterrada na carne.

O bebê não era dela, mas o filho de sua patroa. A jovem era criada da casa e babá da criança. Graças às frutinhas em pó ela conseguia manter o emprego e se sustentar. Ela não se importava que, ao longo do tempo, tivesse que aumentar as doses para driblar a dor. Na maior parte das vezes ela era simplesmente grata por ter o remédio.

Havia um homem na vida da jovem. Era alguém que ela admirava e respeitava – o dono da casa onde ela trabalhava. Ao chegar de suas viagens, ele ia ao quarto da criada, com as botas ainda cobertas com a poeira da estrada, e fazia amor com ela.

A garota vivia apenas para os momentos que passava com ele. O homem dava um colorido à sua vida mundana. Quando ele estava em casa, o mundo se tornava um lugar cheio de excitamento. Ele trazia entusiasmo e alegria, junto com histórias fascinantes de pessoas e aventuras em lugares distantes. Às vezes ele trazia um mimo à jovem, comprado no mercado de uma cidade distante. Ele ficava fora durante semanas, mas um dia sempre acabava voltando.

A dor que a garota sentia tinha muito a ver com esse homem. Ela sonhava em ser esposa dele e mãe do seu filho. Em vez disso, era a empregada da mulher dele e babá da criança que um dia seria sua herdeira. Ela tentava se contentar com o que tinha, mas dentro dela havia um oceano de vontade reprimida. Essa vontade era a verdadeira razão da dor que sentia. Ela nunca lhe dava descanso.

Uma noite, seu amante trouxe com ele uma carta com um lacre vermelho no envelope. Ela sabia que eram más notícias. Ele ficaria fora durante uma longa temporada, talvez para sempre. A criada não conseguia sequer pensar que poderia ser a última vez que ele visitava a sua cama. Ela se agarrou a ele, sorvendo seu cheiro e tentando imprimir seu calor no próprio corpo. Quando ele foi embora, alguns dias depois, a moça soube que nunca mais iria vê-lo.

Era como se o chão tivesse cedido sob os seus pés. Como ela viveria sem ele? O que a vida poderia lhe reservar de bom dali para a frente? O único momento em que ela conseguia descansar era depois de tomar seu analgésico de ervas. No mundo dos sonhos propiciado pelo pó, nada mais importava.

O analgésico entorpecia a sua capacidade de sentir, mas não podia transformar desespero em felicidade. A garota aumentou a dose até chegar a um ponto em que não conseguia mais cumprir suas obrigações, e não demorou muito até que a patroa a mandasse embora, para se recuperar.

Pela primeira vez na vida ela se sentiu horrivelmente sozinha. Ela sempre tivera alguém em quem se apoiar: primeiro a avó e depois o patrão. Agora a moça estava simplesmente perdida. Quase delirante, ela caminhou quilômetros até o chalé abandonado da avó. Como nunca fora uma pessoa forte do ponto de vista emocional, ela ficou assustada ao se ver sozinha e começou a tremer e a chorar de dor e solidão.

A jovem começou a passar a maior parte do seu período de vigília num estupor induzido pela droga, mantendo a sanidade só pelo tempo necessário ao preparo da dose seguinte da droga, na qual já estava completamente viciada. Manter os estoques cheios tornou-se sua principal ocupação. Ela ia cada vez mais longe, montanha acima, à cata das frutinhas roxas.

As coisas ficaram mais fáceis quando ela mesma começou a cultivar os arbustos. Isso lhe deu mais tempo para processar as frutinhas frescas, transformando-as em remédio. Ela só vendia a quantidade necessária para comprar comida e mantinha o restante para consumo próprio.

Apesar do analgésico caseiro, a mulher ainda sofria com a dor, tanto física quanto emocional. Ela se sentia nas raias do desespero, mas não podia fazer nada. Sua lucidez tinha diminuído, substituída pelo torpor que lhe toldava o raciocínio. Sem o pó, ela era dominada por alucinações que mais pareciam pesadelos e pela dor na parte lateral da barriga. Não tinha escapatória. E mesmo que houvesse uma solução, ela não saberia colocá-la em prática.

Tornou-se uma pessoa reclusa, só se aventurando a sair quando era obrigada. Mesmo com o pó, a dor ainda a fazia se curvar em agonia a todo o momento. Além disso, o entorpecimento causado pela droga fazia com que ela tropeçasse e engrolasse as palavras e os aldeões pensavam que ela estava embriagada ou era louca. Desistindo de qualquer tentativa de parecer normal, a herbalista deixava que os dias passassem em meio ao estupor da irrealidade.

Depois dessa sessão confrontante, Elaine refletiu sobre as ligações entre o que tinha visto e a sua vida presente. Ela nunca tivera problema com vícios nesta vida, mas tinha aversão à dor. Na verdade, essa tinha sido a sua motivação para trabalhar em países em desenvolvimento. Ela queria fazer tudo para amenizar o sofrimento daqueles que não tinham acesso a tratamento. Elaine também não conseguia tolerar a dor em si mesma, e ao primeiro sinal de uma dor de cabeça ela recorria aos analgésicos. Sorrindo, lembrou-se de que preferia tomar analgésicos em forma de pó, pois os achava mais eficientes.

Elaine me disse que, na juventude, ela era muito parecida com essa mulher do passado. Sempre buscara alguém em quem se apoiar, primeiro os pais e depois o marido. Levou anos de esforço para que ela se sentisse mais confiante.

Um dos seus problemas mais recorrentes era o sentimento de solidão e de que nada nem ninguém poderia apoiá-la.

Na sessão seguinte, Elaine voltou à sensação de afogamento. Ela estava embaixo d'água. Com as mãos e pés amarrados. Uma pedra pesada amarrada aos pés. Sentiu a sensação de afundar rapidamente na água fria. Mais uma vez teve a sensação de afastamento. Nem mesmo quando os pulmões começaram a se encher de água ela lutou para sobreviver.

Sem se preocupar com os usos que seus clientes faziam do pó, a mulher o vendia a qualquer um que quisesse comprá-lo. As pessoas da cidade não gostavam do que estava acontecendo e encontraram uma razão para executá-la. Elaine não conseguiu entender qual era exatamente a acusação, mas podia sentir a suspeita e o medo nas pessoas. Elas a queriam fora do seu caminho.

A hora da morte foi a mesma experiência vaga e indistinta que tinha sido a sua vida. Havia uma luz filtrada pela água e ruídos subaquáticos abafados, misturados com impressões nebulosas de água corrente. Então a mulher viu seu corpo flácido sendo tirado da água e percebeu que estava morta.

Ao longo das sessões seguintes, Elaine veio a constatar várias coisas. Ela percebeu que, ao contrário do que sempre acreditara, a sua obsessão por evitar a dor não se devia a uma hipersensibilidade inata. Era uma expressão de uma samskara. Elaine tinha observado a si mesma com interesse numa visita recente ao dentista. Ela ainda não apreciava a experiência, mas conseguia perceber que dor era simplesmente dor. Não vinha acompanhada necessariamente de sofrimento emocional. Agora que parte da emoção relacionada a ela tinha sido liberada, Elaine ficou surpresa ao se perceber menos ansiosa com relação à dor.

Igualmente importante para Elaine foi se sentir outra pessoa, em outra época. A mulher que ela fora tantos séculos antes não era a Elaine de hoje. Aquela mulher tinha uma personalidade diferente e uma vida diferente e, no entanto, era ela mesma. Elaine tinha visto, em primeira mão, que ela tinha vivido antes. Sabia que viveria outra vez. Ela viu sua vida como parte de uma jornada maior e isso deu a tudo mais significado. Se as samskaras do passado podiam afetá-la agora, então o esforço para resolver as samskaras desta vida devia ter potencial para afetar sua vida seguinte.

Filosofias a parte, Elaine estava fascinada pela nova perspectiva que suas visões do passado lhe tinham oferecido. A sensação de se libertar de uma vida regida por samskaras e avançar em direção à luz do livre-arbítrio era imensamente gratificante.

23

ESTUPRO E TRAIÇÃO
Winnie

Winnie, uma estudante de 23 anos, estava se sentando no ônibus, tarde da noite, no seu trajeto da escola para casa, quando percebeu que estava sendo observada. Três jovens de aparência desleixada tinham tomado o ônibus e estavam no banco de trás, fazendo algazarra e rindo alto. Winnie podia sentir os olhos deles sobre si. Com certeza falavam a seu respeito. Ela entrou em pânico. Indo para a parte da frente do ônibus, implorou ao motorista que ele parasse imediatamente. Intrigado, ele se negou a parar, mas prometeu deixá-la no ponto seguinte. Winnie se encostou na porta e no momento em que ela abriu, pulou para a calçada e se refugiou numa lanchonete, com a boca seca e o coração aos saltos.

Ela ficou próxima à loja iluminada até que o ônibus seguinte passou, trinta minutos depois. Nesse momento, porém, Winnie já tinha comido dois hambúrgueres e uma porção grande de batatas fritas e estava a meio caminho de devorar uma barra de chocolate tamanho família. Ela também estava uma pilha de nervos, esgueirando-se pelas sombras. Parecia que demoraria anos para chegar à segurança da sua casa, cercada pela família e pelas suas coisas. Só então conseguiria relaxar.

Nos três dias seguintes, Winnie não saiu de casa, nem para pegar a correspondência. O mais leve barulho durante a noite já a deixava assustada. E ela estava comendo tudo o que via pela frente para abafar o pânico. Aqueles jovens no ônibus tinham desencadeado um terror profundo dentro dela e Winnie sabia que precisava procurar ajuda.

O medo não era nenhuma novidade. Desde quando podia se lembrar, Winnie tinha medo do escuro. As noites da sua infância sempre foram repletas de monstros invisíveis e fantasmas, e até na idade adulta suas ameaças imaginárias ainda a assombravam.

Nas sessões, Winnie foi conduzida de volta às origens do seu pavor. Na segurança do espaço interior, ela investigou o labirinto de medos e incertezas que carregava dentro de si, e aos poucos foi se sentindo mais segura para explorar as profundezas do seu eu interior.

Numa sessão, Winnie sentiu um peso sobre o corpo e percebeu alarmada que era uma pessoa obrigando-a a ficar deitada. Havia um homem grande sobre ela. Ele a estava estuprando. Winnie sentiu que ela era muito jovem ou talvez apenas inocente. Era uma simples camponesa. O homem lhe dizia para ficar calada, pois assim tudo ficaria bem. Mas nada parecia bem. A garota estava aterrorizada.

Winnie sentia o desespero em seu próprio corpo. Todas as sensações estavam mais intensas: o peso do corpo do homenzarrão sobre o dela, o cheiro de suor. A menina tentava não senti-lo penetrando-a, mas doía muito. Ela queria que ele parasse. Ele não devia fazer aquilo.

Para ajudar no desenvolvimento da experiência, pedimos que Winnie visse mais sobre o homem. A menina o conhecia? Quem ele era?

O homem era alguém que ela conhecia e em quem confiava. Amigo da família, ele era como um tio benevolente. Ele sabia que uma menina como ela jamais teria a oportunidade de ir à escola, por isso ele tinha se tornado, informalmente, seu tutor. Ela adorava ouvir enquanto ele lia seus livros volumosos. Ele a ensinara a ler e a escrever algumas palavras. Às vezes, eles olhavam as estrelas juntos e seu amigo adulto lhe contava as lendas por trás das constelações e como os capitães dos navios usavam as estrelas para navegar pelos oceanos.

A camponesa tinha um lugar secreto num bosque próximo de sua casa. Era uma espécie de caverna abrigada do tempo por uma rocha e escondida atrás de arbustos espessos. Na terra seca dentro da caverna, a menina tinha colocado uma caixa de madeira para servir de mesa e uma tora para se sentar. Dentro da caixa, ela mantinha material de leitura: jornais velhos, um livrinho de orações e recortes de qualquer coisa que ela visse e a interessasse. Depois das tarefas diárias, ela se esgueirava para o seu lugar secreto e se debruçava sobre os jornais, tentando decifrar o que lia. A leitura provocava na menina um sentimento de grande alegria. Ela era uma exploradora desvendando um novo mundo.

Um dia, o homem seguiu a menina e pediu que ela o deixasse entrar na caverna. A princípio, ele foi gentil com ela, mas depois algo mudou em seus olhos. Ele a agarrou pelo braço e a puxou de encontro a si. Ela ficou com medo e gritou, mas ele não a largou. Obrigou-a a ficar com ele, prometendo que, se fosse uma boa menina, ele lhe daria um novo livro e tudo ficaria em paz.

O que estava acontecendo estava muito longe da paz e ela começou a protestar em voz alta. Ele tampou a boca da menina com a mão e prendeu-a com facilidade sob o peso do seu corpo. Ela estava apavorada.

A menina tentou fingir que aquilo não estava acontecendo de fato. O homem que a machucava tinha se tornado um estranho, não era o amigo e mentor que ela conhecera a vida toda. O corpo que ela sentia ser penetrado não era o que ela conhecia. Ela queria muito não senti-lo e, com todas as suas forças, tentou bloquear o que estava acontecendo. Tentou se concentrar nas trevas dentro de seus olhos fechados com força. Logo tudo estaria terminado.

Depois de acabar, o homem fingiu que ainda eram amigos, mas o corpo todo da menina tremia. Ela mal podia acreditar no que acabara de acontecer. Naqueles momentos seu otimismo inocente foi destruído e ela se sentiu suja, feia e temerosa.

Em comunhão com seu eu do passado, Winnie chorava agarrada ao seu ventre dolorido. Ela sabia o que era se sentir suja. Para Winnie, o sexo sempre parecera uma experiência suja e degradante. Como aquilo poderia ser algo tão incrivelmente agradável a deixava perplexa. Embora nunca tivesse sofrido abusos sexuais, Winnie sempre se sentira vulnerável em sua sexualidade. Ela tinha certeza de que todo homem que aparecia em seu caminho era um predador sexual pronto para roubar o que ela tinha de mais precioso.

Nas sessões seguintes, Winnie voltou ao estupro da vida passada. No corpo da camponesa, o choque fora tão grande que ela bloqueara as emoções. Agora, na segurança do espaço interior, Winnie estava pronta a se aventurar. Não foi preciso esperar muito para que a dor e o choque viessem à tona. Logo ela estava extravasando todo o seu sofrimento com gritos e lágrimas. Mais difícil foi sentir a raiva, mas quando ela sentiu, o medo desapareceu. Em sua explosão, Winnie deixou de se achar uma vítima indefesa e passou a se sentir uma força a ser enfrentada.

Winnie ficou impressionada ao descobrir a ira em seu íntimo. Ela se lembrou dos ataques de raiva que tinha quando criança e de ser mandada para o quarto de castigo. Sem perceber exatamente o que estava acontecendo, Winnie aprendeu a domar seu temperamento e a conseguir o que queria mostrando-se acomodada e agradável. O problema era que a repressão não fazia com que a raiva desaparecesse – só a tornava mais difícil de sentir. Winnie também estava certa de que isso aumentara o seu medo. Ela já fora uma vítima durante muito tempo. Agora era hora de descobrir o que estava impedindo que fosse confiante.

Numa sessão posterior, Winnie se viu numa vida completamente diferente. Dessa vez ela era uma mulher parda, que usava uma blusa branca, uma saia colorida e um turbante na cabeça. Ela estava descalça no chão de terra macia, segurando seu bebê no colo. Três crianças pequenas penduravam-se na sua saia. Como ela, as crianças tinham uma pele escura e sedosa e cabelos crespos.

Ao ouvir o som de cavalos galopando e pessoas gritando, a mulher saiu correndo com os filhos da sua pequena cabana e se deparou com um terrível espetáculo; ficou horrorizada ao ver homens a cavalo atacando sua aldeia. Alguns jogavam tochas acesas nos telhados de palha, enquanto outros arrancavam as crianças do sexo masculino dos braços das mães.

O coração da mãe congelou de medo, enquanto três homens barbados galopavam na direção dela gritando algo num dialeto que ela não entendia. Um dos homens agarrou o bebê, tirando-o dos seus braços. Ela o agarrou pelas pernas, sem soltar mesmo quando ele gritou de dor. O homem desembainhou a espada e fez um gesto indicando que cortaria o bebê ao meio. A mãe horrorizada teve de deixar que levassem seu filho, sabendo que os invasores o transformariam num assassino bárbaro como eles. Em desespero, ela desabou no chão, soluçando.

Um segundo homem a cavalo aproximou-se dos dois filhos que se agarravam à sua saia. A mãe foi obrigada a assistir, impotente, quando os viu agarrá-los e levá-los embora chutando o ar e gritando. Na balbúrdia que se seguiu, os saqueadores estupraram a mulher, incendiaram sua choça e fugiram a cavalo, tão repentinamente quanto tinham chegado.

Arrasada, a mulher foi deixada em meio aos escombros, com a criança que restara, uma menina. Histérica, ela gritava e batia com os punhos no chão, abraçando a filhinha e pedindo aos céus que a ajudassem. Como isso podia ter acontecido com ela? Será que tinha feito algo terrível para merecer tal castigo? Soluçando com a cabeça tombada na poeira do chão, a mulher implorava perdão às forças do bem. Winnie chorava com ela.

Por fim, a torrente de dor amainou e a mulher sentou-se e olhou em volta. A aldeia não passava agora de um amontoado de cabanas parcialmente incendiadas e utensílios quebrados. Em seu íntimo, ela sabia que o marido estava morto. Agora ela estava com raiva dos poderes divinos por não a terem levado também e deixado os bandidos levarem seus bebês e matarem sua gente. Que tipo de benevolência era aquela? Talvez os deuses do seu povo não se importassem com os seres humanos, coisa nenhuma. Ou talvez os deuses malévolos a quem aqueles homens cruéis serviam tivessem mais poder do que os do seu povo.

Chocada consigo mesma por pensar aquelas coisas, a mulher tentou conter seus pensamentos. Era muito ruim ficar zangada com os deuses e ela tinha medo das consequências. Tentou reprimir a raiva e voltar a ser a pessoa boa e amorosa que sempre tinha sido. Mas ela tinha perdido o marido e três filhos. Nada seria como antes.

Winnie sentiu uma ira dentro dela que a fortaleceu. Seu eu passado tentara não ter raiva, mas tinha reprimido algo precioso dentro de si, junto com essa raiva. Era hora de reivindicá-lo.

O teor das sessões seguintes de Winnie foi o mesmo. Quando ela deixou de se preocupar em ser "boa", foi capaz de extravasar toda a força da sua ira. Ficou surpresa ao descobrir que se sentia ótima. A euforia durou vários dias. Não apenas isso, mas a ansiedade que ela sempre sentira estava diminuindo. A natureza tímida e acabrunhada de Winnie se transformou em autoconfiança e entusiasmo. Ela estava extasiada. Parecia ter encontrado a chave da sua confiança. Enquanto tivera medo do seu lado irado, ela ficara presa ao papel de vítima. Assim como a camponesa estuprada e a mulher cujos filhos foram raptados, Winnie já sofrera o suficiente. Se ser forte significava tomar posse da sua raiva, então ela estava disposta a cumprir essa tarefa.

Logo Winnie estava rindo de si mesma por ter entrado em pânico naquela noite no ônibus. Aqueles rapazes de aparência desleixada provavelmente nem estavam interessados nela. Toda a situação tinha sido criada pelos seus próprios medos.

Ao contrário do que ela tinha imaginado, entrar em contato com a sua raiva embutida não tinha feito com que ela se tornasse uma pessoa raivosa. Tinha lhe dado permissão para sentir o que lhe ia por dentro, não importa o quanto isso podia parecer inaceitável a princípio. O fato de ficar com raiva na terapia tinha aberto caminho para que ela pudesse seguir em frente. Winnie nunca mais iria se sentir intimidada por perigos imaginários. Agora ela ria só de pensar que alguém poderia querer assustá-la. Com sua nova segurança recém-conquistada, ela podia simplesmente revidar na mesma intensidade.

24

ÓDIO DA VIDA

Alex

Alex era um desocupado de 26 anos. Ele sonhava ganhar rios de dinheiro fazendo o mínimo possível. Alex não sabia exatamente como, mas tinha certeza de que o segredo para ganhar dinheiro sem fazer esforço estava em algum lugar e ele iria encontrá-lo. Ele adorava falar dos brinquedos caros que iria comprar: uma motocicleta Harley Davidson numa semana, um barco a motor na seguinte. Ao mesmo tempo ele tentava negociar um preço mais baixo pelo tratamento, alegando pobreza. Isso provavelmente era verdade. Alex era paraplégico e nunca tinha conseguido um emprego em período integral.

Alex morava com dois amigos numa casa alugada. Sua renda se compunha de uma pensão por invalidez e pequenos negócios que fazia. Ele comprava coisas velhas em troca de uma canção e as revendia por um preço maior: computadores obsoletos, carros que mal andavam, equipamento musical usado. Alex não parecia disposto a revelar suas fontes, mas insistia em dizer que seus negócios eram perfeitamente lícitos.

Alex estava numa cadeira de rodas desde que sofrera um acidente enquanto praticava esqui aquático, aos 14 anos. No entanto, ele não deixara de fazer a maioria das coisas que os amigos faziam, e odiava qualquer um que tivesse pena dele.

Quando conversamos sobre a sua vida, Alex na maior parte do tempo evitou o contato visual direto; ele olhava para o chão, com uma expressão levemente carrancuda. Isso deixava os seus olhos azuis endurecidos e fazia com que parecesse mais velho do que era. Era fácil ver que ele odiava o mundo e quase certamente odiava também a si mesmo. Usava a amargura como uma máscara, tornando mais difícil para qualquer um ver a pessoa por trás dela.

À primeira vista, Alex não parecia alguém que procuraria uma terapia. Tampouco uma terapia que lidasse com os sentimentos. Quando perguntei por que ele tinha nos procurado, Alex disse apenas que queria saber sobre suas vidas passadas. Antes de fazer a terapia propriamente dita, ele pensou em tentar algumas sessões. Alex não estava pronto para discutir seus problemas emocionais com alguém que tinha acabado de conhecer.

Na adolescência, Alex tinha experimentado vários tipos de drogas, a maioria por puro tédio. Ele desprezava o sistema de ensino, dizendo que nada do que aprendera na escola tinha relevância no mundo "real" e que seus anos na escola tinham sido uma perda de tempo.

O conceito que ele tinha de mundo "real", porém, era diferente do da maioria das pessoas. Desde que abandonara a escola, ele mudava constantemente de emprego, todos informais, e de relacionamentos, mais informais ainda, nunca se detendo em nada por mais de algumas semanas. Enquanto seus amigos estavam estudando ou investindo na carreira profissional, Alex se inteirava do último esquema para ficar rico da noite para o dia, e trocava seu emprego pela promessa de dinheiro fácil. Ele tinha vendido carros, comprado e vendido ações, feito negócios pela Internet e trabalhado em empresas de marketing direto. Ele não tinha ganhado seu primeiro milhão ainda. Na verdade, em geral tinha dificuldade para pagar o aluguel. Estava certo, no entanto, de que era só uma questão de tempo até encontrar um negócio da china. A atitude despreocupada e belicosa de Alex não era convincente. Dentro dessa armadura havia um jovem que se sentia incrivelmente vulnerável. Ver essa armadura não era problema, mas será que ele deixaria que alguém a penetrasse?

Na parte seguinte da sessão, no espaço interior, pedimos a Alex que sentisse seu coração. Lembranças da infância vieram à tona. Ele se lembrou de que era extremamente possessivo com relação à mãe e sentia ciúme sempre que ela dava atenção a outra pessoa. Ele se lembrava de pelo menos uma ocasião em que tinha empurrado o irmão menor para longe da mãe e gritado, "Ela é minha!" No espaço interior, as lembranças de Alex eram mais do que recordações mentais. Elas emergiam com todo impacto emocional que Alex sentira quando criança.

Uma lembrança particularmente dolorosa foi a de ficar amuado num canto depois de ser repreendido pela mãe por quebrar uma louça valiosa. O pequeno Alex dava extremo valor ao senso de justiça. Ele não devia ser violado. Por que ela estava gritando com ele? Ele sentiu um aperto no estômago quando decidiu não dar importância ao acontecido. Quem precisava dela, afinal de contas, ela podia ir embora e sumir com quem quer que fosse.

Nas sessões seguintes, rastreamos a sua amargura ao longo do tempo, buscando suas origens. Numa sessão, Alex se sentiu como um jovem usando camisa e calças marrons e botas de couro de cavalgada. Ele viu um mar de rostos à sua frente, que ele encarava com desprezo.

Era uma multidão de pessoas da cidade que tinha vindo assistir ao seu enforcamento. Ao perceber isso, o eu passado de Alex cuspiu palavras de desdém. Mesmo diante da morte, o seu eu passado não tinha medo daqueles imbecis. Ele tinha certeza absoluta de que era mil vezes mais esperto do que eles. Alex se identificava tanto com o seu eu passado que poderia estar falando da sua vida presente. Ele não era do tipo que seguia regras como o resto do rebanho. Era dono do próprio nariz e vivia como queria.

Perguntamos a Alex por que esse jovem estava prestes a ser enforcado, se era tão esperto. O que o levou a uma situação tão terrível?

Alex viu seu eu passado antes do dia do enforcamento. Ele estava conversando, rindo e socializando. O homem adorava se divertir e passava a maioria das noites nos bares, bebendo e jogando com todo tipo de pessoa. Ele era um caixeiro-viajante, sempre numa cidade diferente com uma garota diferente e um novo grupo de amigos de bar. Nas raras ocasiões em que se achava sozinho e sóbrio, ele ficava entediado e deprimido. Tudo o que queria da vida era se divertir o máximo possível.

Seu estilo de vida era mantido por meio de pequenos crimes, a maioria deles furtos. Um pouco antes de deixar uma cidade, ele roubava tudo o que podia, juntava o produto dos roubos e vendia na parada seguinte. Ele era rápido para chamar de amigos seus colegas de bar, mas não podia dizer o nome de uma pessoa de quem gostasse ou em quem confiasse. Seus numerosos conhecidos eram úteis para dar informações sobre os melhores lugares para roubar, mas ele não estava interessado em deixar ninguém se aproximar demais. Na maioria das vezes ele usava as outras pessoas para afastar a solidão.

Chegou um dia em que o estilo de vida descuidado do homem o colocou em maus lençóis. Na pressa de deixar uma cidade, certa noite, ele tentou roubar um cavalo enquanto seu dono estava no bar. Ele se envolveu numa luta corpo a corpo e, no ardor do momento, alvejou um homem que estava tentando detê-lo. O homem fatalmente ferido olhou seu assassino nos olhos, incapaz de falar. O caixeiro-viajante quase rompeu em lágrimas. Ele não tinha intenção de matar ninguém. Logo se recompôs. Que lhe servisse de lição por ter se metido nos seus negócios. O cavalo nem era dele.

Quando Alex sentou-se, depois da sessão, estava um tanto envergonhado da arrogância que havia demonstrado. Mais difícil ainda foi admitir que mantinha a mesma atitude no presente. Por trás do esquema do dinheiro fácil que ele procurava estava o sentimento de que o mundo lhe devia uma compensação pela vida que levava. O trabalho era para os otários. Ele era esperto demais para isso.

As sessões seguintes mostraram a Alex a samskara que influenciava a sua vida de relacionamentos superficiais e pequenos delitos. Ele se viu na mesma vida passada, desta vez na juventude. Morava com a esposa numa casinha na cidade. Durante dois felizes anos, tudo parecia bem. Eles tinham um ao outro e logo o primeiro filho estava a caminho. Então, alguns meses depois de nascer, sua filhinha faleceu de uma doença repentina.

Devastada, a jovem esposa caiu em depressão e nem todo amor do marido conseguiu ajudá-la. Um dia, o jovem chegou em casa e descobriu que a mulher tinha se matado. Cheio de dor, ele deixou a cidade, decidido a nunca mais voltar.

O jovem tentou não sentir a dor excruciante no coração, mas não importava o que fizesse ou aonde fosse, a dor estava sempre presente. Ele vivia alheio a todos à sua volta e tornou-se amargo e ressentido com a felicidade das outras pessoas. Ele odiava o mundo. Desde então passou a levar uma vida de mentiras e roubos.

A morte da esposa foi uma perda irreparável para o jovem, no entanto, havia a sensação de que a fonte da amargura de Alex ainda não era essa. À medida que as sessões continuavam, pedimos a Alex que visse quando a dor no seu coração tinha começado. Sua origem estava numa época anterior à morte da esposa.

Alex se viu nessa mesma vida, quando era um bebê que mal sabia andar. Ele estava brincando no chão quando ouviu uma batida ameaçadora na porta. Enquanto o pai foi atender, a mãe escondeu o menino no guarda-louça. Num sussurro insistente, ela lhe disse para ficar bem quieto, não importa o que ouvisse.

Através de uma fresta no guarda-louça o garotinho viu soldados empurrando o pai para entrar na casa. Eles gritaram palavras zangadas, agarraram seu pai e sua mãe e os amarraram em duas cadeiras. Ele ouviu mais gritos, mas foi o som de sua mãe chorando que o deixou mais assustado. Ele não podia ver direito o que estava acontecendo, mas não movia um músculo, tão forte era o choque e o medo de ser descoberto.

De repente os soldados saíram ruidosamente e tudo ficou em silêncio. No seu esconderijo exíguo, o menino esperou que os pais viessem e o tirassem dali, mas não ouviu nenhuma palavra ou movimento. Por fim, conseguiu sair do guarda-louça e viu uma cena horripilante.

Os corpos dos pais estavam caídos um contra o outro, ainda amarrados nas cadeiras. Trêmulo, o menino andou até os pais, com os olhos fixos no sangue que escorria de suas gargantas. Agora ele entendia. Os pais estavam mortos. Estava tudo acabado. Chocado e confuso, o garotinho se encolheu num canto e se sentou. Ele não conseguia tirar os olhos das formas sem vida nas cadeiras. Por fim o cômodo ficou escuro e ele caiu no sono. Nas primeiras horas da manhã, ele acordou e viu a mesma cena hedionda. O sangue tinha secado e os olhos vazios dos pais olhavam impassíveis através dele. Ele se sentiu estranhamente entorpecido. Não sabia o que fazer.

Depois de um dia inteiro e outra noite sozinho, uma mulher gentil o encontrou e o levou dali. A casa dela estava cheia de crianças, a maioria órfã. Ela parecia uma senhora bondosa, mas era ocupada demais para cuidar bem dele. Entre as outras crianças, o menino continuou sendo um solitário que nunca aprendeu a confiar nas pessoas. A morte dos pais o assombrou durante todos os dias de sua vida. Ele cresceu desmotivado e se tornou uma pessoa extremamente cínica. Sentindo isso no seu espaço interior, Alex não pode deixar de reparar no quanto ele era parecido com o menino da vida passada.

Enquanto via essa vida passada, algo de muito bonito aconteceu a Alex. Embora fosse difícil para ele encarar a própria vulnerabilidade e suavidade, era muito mais fácil encontrá-las através da criança do passado. Não era exatamente sua própria tristeza, mas ao mesmo tempo era. Gentilmente, ajudamos Alex a sentir essa suavidade por baixo da atitude de amargura e logo ele descobriu que era capaz de chorar. Ficou impressionado com o alívio que isso lhe trouxe.

Alex continuou o tratamento e, depois de alguns meses, as mudanças interiores começaram a se evidenciar na sua vida. Sua atitude de cinismo se amenizou e ele começou a falar sobre outras coisas, além do seu desejo de socializar e ganhar dinheiro. Se esse primeiro milhão não fosse se manifestar com tanta rapidez, então ele faria algo interessante com seu tempo. Alex cogitou algumas possibilidades e um dia anunciou que ia parar as sessões porque queria viajar. Ele queria conhecer a Rússia, o país dos seus avós, e para isso precisaria de dinheiro. Logo arranjou um trabalho de período integral como representante de vendas de uma companhia telefônica e começou a trabalhar seis dias por semana para guardar dinheiro. Ele prometeu mandar um cartão postal de Moscou.

Em torno de dez meses depois, um cartão postal chegou da Rússia. Rabiscada nas costas de uma foto do Kremlin estava a inscrição: "Às vezes as coisas que você quer são diferentes das coisas de que você precisa. Pensei que queria ser forte e descobri que meu ponto forte era simplesmente ser eu mesmo. Aprendi que, aonde quer que eu vá e o que quer que eu faça, posso mergulhar dentro de mim e descobrir essa força".

25

SEDE DE AMOR

Lillian

Durante toda a sua vida, Lillian sofreu de sobrepeso. Graciosa e bochechuda quando bebê, ela cresceu e se tornou uma criança rechonchuda e depois uma adolescente fofinha. Agora, aos 22 anos, ela era inegavelmente obesa. Depois de assistir ao fracasso de regime após regime, ela só via os números da balança aumentarem.

Um dia ela se acostumou com a própria gordura. Agora Lillian dizia que já não sentia nada. Quando andava nas ruas e via o seu reflexo nas vitrines das lojas, sempre ficava surpresa ao ver uma pessoa gorda olhando-a. Era mesmo ela? Ela tinha realmente essa aparência? Lillian não queria pensar mais no seu problema insolúvel de peso. Isso só a deixava deprimida.

No entanto, ela estava cansada de se sentir uma aberração. Comprar roupas novas era uma provação e nada parecia lhe cair bem. Ela tinha certeza de que nenhum homem olharia para ela do jeito que estava. Quando via outras garotas rindo, na companhia de rapazes, e parecendo maravilhosas nas suas roupas justas, ela se perguntava como seria não se sentir sempre a estranha da turma, a garota gorda.

Alienada pela sua autoimagem e também pelo sobrepeso, Lillian recorria à comida. No trajeto do trabalho para casa, ela conhecia todas as confeitarias e lanchonetes. Toda tarde, ela andava até em casa comendo alguma coisa, sentindo-se uma desajustada num mundo de pessoas bonitas. Lillian tinha que encontrar uma solução. Ela estava presa ao próprio corpo e tinha perdido a chave. Regimes e médicos não tinham conseguido ajudá-la. Ela estava pronta para uma nova tentativa.

Depois das suas primeiras sessões, Lillian começou a desvendar uma experiência que estava carregada de emoção. Tudo começou com a impressão de estar deitada num chão frio de terra, sozinha. No estômago ela sentia o mesmo vazio que sempre sentira e tentara preencher com comida.

Seu corpo parecia estranho, ela não conseguia se mover normalmente. Era o corpo de um homem velho, com um lado paralisado. Lillian tinha a impressão de que ele era asiático. Incapaz de falar ou se mover, ele só conseguia se arrastar dolorosamente pelo chão de terra, usando o braço e a perna esquerda. A pequena cabana era diminuta, mas chegar até a porta exigia um esforço extremo. Magro e enfraquecido, o corpo não lhe obedecia. O movimento fazia com que as feridas nas pernas sangrassem mais e, assim como Lillian, ele se sentia aprisionado em seu corpo.

Todos os dias os netos do homem lhe traziam comida. Quando ele via seus rostinhos na porta, tentava falar com eles, mas tudo o que saía dos seus lábios eram sons guturais e esquisitos. Assustados com seu corpo disforme e sua estranha voz, as crianças deixavam a comida rapidamente e saíam correndo. O homem ficava outra vez sozinho, lutando para alcançar a comida antes que os ratos chegassem primeiro.

Perguntamos a Lillian como o seu eu passado tinha acabado sozinho, naquelas circunstâncias miseráveis.

O velho nem sempre sofrera de paralisia. Ela tinha acontecido repentinamente, talvez como consequência de um derrame. Quando viram que ele nunca recuperaria os movimentos normais do corpo, os filhos e filhas do homem o transferiram para a cabana, longe do resto da família. Numa cultura com regras rígidas com relação ao trabalho, alguém incapaz de trabalhar era um fardo para a comunidade. Não houve respeito ou compaixão quando ele se tornou um vergonhoso desperdício de recursos. Uma vez chefe da família, o velho agora trazia desonra para todos eles. Não importava que ele tivesse trabalhado toda a sua vida nos campos para alimentar a família. Ele agora estava desamparado e os mais novos só queriam distância.

A princípio o velho ficou indignado. Como seus próprios filhos tinham a ousadia de tratá-lo como um pária? No entanto, sua raiva logo se transformou em solidão. Toda a sua vida ele tinha convivido com pelo menos uma dúzia de parentes. Não sabia o que era ficar sozinho. Ele ansiava pela companhia de alguém, que se sentasse ao seu lado e o tratasse como um ser humano novamente.

Por fim, ele se resignou. Então a sua vida ia acabar assim – na solidão, congelando naquela cabana, deitado sobre os próprios excrementos. Até os cães recebiam tratamento melhor. O desespero logo tomou conta dele.

Os dias se arrastavam, intermináveis, sem nada além de lembranças para lhe ocupar o tempo. O velho se recordava de quando a sua mulher ainda era viva e as crianças, pequenas. Tinha sido uma vida sem alegria. Durante todos aqueles anos, o acontecimento mais marcante tinha sido o dia do seu casamento. Um dia de festividades e esperança em meio à labuta diária. Tinha havido um breve período de otimismo antes de as crianças nascerem. Depois, parecia que sempre havia uma boca a mais para alimentar. A vida dele era feita de uma monotonia de entorpecer a mente. Nem as cores da paisagem tinham vida: um céu nublado sobre campos de arroz enlameados.

A terra não era fértil e exigia longos dias de suor e labuta. O velho tinha trabalhado ao lado dos mais jovens para ganhar a vida com dificuldade nos campos de arroz. Havia pouca alegria entre os camponeses. O temperamento soturno do pai abafara qualquer sinal de risada ou diversão dos filhos. Agora o velho percebia por que estavam tão satisfeitos em ver que ele estava no fim da vida. Ele tinha contaminado todos ao seu redor com sua própria infelicidade. Mesmo assim, sentia-se oprimido com a desconsideração da família. Se ao menos eles fossem visitá-lo, conversar com ele, contar-lhe as novidades. Um banho também seria um bálsamo.

Lillian não pode deixar de notar a ironia da situação: em sua solidão o velho estava sentindo mais emoções do que durante a maior parte da sua vida endurecida. Na sua ânsia por calor humano, ele percebeu que nunca tinha sido caloroso com as outras pessoas. Em seu convívio com elas, ele tinha sido carrancudo e introvertido. Agora era tarde demais. O seu maior desejo era que a morte chegasse rápido. O velho estava cheio de angústia. Estava paralisado, não doente. Podia viver durante anos naquelas condições, como um prisioneiro à espera da morte. Tinha que haver uma saída.

Aos poucos uma solução sinistra assumiu contornos dentro dele. Morrer de fome o livraria daquele pesadelo. Na verdade, era a única coisa decente a fazer. Ele percebeu que a sua família esperava isso. Era seu dever acabar com aquela situação vergonhosa da maneira mais breve e indolor possível para todos.

Quando as crianças vieram novamente trazer comida, o velho não saiu do catre. Apesar do frio e da fome que sentia, ficou ali quieto, observando os ratos se refestelarem na travessa de arroz cozido. Depois de alguns dias a fome começou a diminuir, substituída por um vazio que o tragava por dentro e intensificava o frio. O velho tinha medo de morrer, mas ainda pior era a perspectiva de viver durante anos daquele jeito.

Depois dessa sessão, Lillian se sentou, disposta a seguir direto para a cantina italiana mais próxima. Ela achou a incongruência daquilo quase engraçada. Aquele homem era um velho conhecido. Mesmo quando a linha da sua cintura aumentava sem controle, Lillian se sentia vazia e fria por dentro, assim como o velho morrendo de fome. Não importava o quanto seu estômago estivesse cheio, ela se empanturrava de comida. Essa sensação de vazio nunca acabava, exceto quando ela se distraía momentaneamente colocando comida na boca. Os regimes tornavam a sensação de fome ainda pior e, ao longo dos anos, Lillian não tinha parado de engordar.

A pior coisa da obesidade era o isolamento que ela causava. Aonde quer que fosse, Lillian sentia que as pessoas a olhavam e não era com admiração. Quando amigos ou parentes mencionavam seu peso, ela se sentia profundamente ferida com suas observações. Às vezes esse sentimento era tão insuportável que, quando percebia, ela estava outra vez em frente à geladeira, com o resto do bolo do dia anterior na mão. Assim como o homem moribundo da vida anterior, Lillian vivia desesperada para fugir do vazio.

Na sessão seguinte, Lillian descobriu mais sobre o seu passado. O homem tinha se isolado da família muito tempo antes de o condenarem à vida solitária na esquálida cabana. Quando era apenas um garotinho, seus pais tinham morrido e ele tinha sido criado pelos tios e tias. Embora recebesse roupa e comida, puseram-no para trabalhar nos campos tão logo se tornou suficientemente grande. Ele não se lembrava de ninguém que o tivesse posto no colo e cantado para ele, como via algumas mães fazerem com os filhos. Ele tinha aprendido a sobreviver sem afeição e a cuidar de si mesmo, mas tinha se tornado um homem sem ternura ou amor.

Oprimido pela própria infelicidade, o velho deitava-se enrodilhado na cama, como uma criança, esperando que a morte viesse buscá-lo. Bastava de lembranças, ele estava cansado da vida. Só ansiava pelo esquecimento. Esperava que a morte pusesse um fim naquele inferno em vida.

No espaço interior, Lillian sentia o corpo mirrado do velho como se fosse o dela própria, deitado ali, frio e imundo, em posição fetal. Sua pele grossa estava esticada sobre os ossos quebradiços, como um pedaço de carne defumada. Havia um vazio cavernoso em sua barriga e outro maior ainda no seu coração.

O velho sentia a morte tomando conta dele e esperava o alívio que ela certamente traria. Mas algo estava errado. Ele sabia que não devia estar no seu corpo, porque a dor e a fome tinham desaparecido, no entanto ele sentia o mesmo vazio e o frio de sempre. O vazio gélido que sentira durante toda a vida ainda estava presente no seu coração.

Nessa sessão Lillian soltou um suspiro. Do seu ponto de vista semiobjetivo, ela pode ver uma luz convidativa em torno do velho, quando ele morreu. Ele estava cercado pela suavidade dessa luz, mas seu coração contraído permaneceu fechado. Fazia décadas que ele não sentia ternura e tinha esquecido como era. Lillian chorou quando viu a morte do homem e a chance de se livrar do frio que carregava dentro de si passar despercebida.

Depois dessa triste sessão, Lillian falou sobre o vazio na sua vida atual. Ela se lembrava de um dia na sala com a família, quando era garotinha, aquecida e alimentada e, mesmo assim, sentindo-se terrivelmente isolada. Nenhuma quantidade de comida ou calor era suficiente para debelar a fome e o frio que sentia.

Lillian começou a perceber algumas coisas. Começou a sentir o velho paralítico por trás da sua constante compulsão por comida. Seu corpo faminto e ansioso por calor humano era o seu próprio. Nas sessões seguintes Lillian voltou à infância do velho. Ela reviveu a morte dos pais e sentiu a dor da criança, reprimida desde então. Enquanto ela trabalhava nessa samskara, partes esquecidas de Lillian voltaram à vida. Logo o efeito das sessões começou a se mostrar em sua vida.

    Lillian começou a fazer exercícios físicos e se maravilhou ao perceber o quanto se sentia bem movimentando o corpo. Correr e andar eram atividades que a aqueciam e faziam com que se sentisse viva novamente. Encantada, ela percebeu que isso era melhor do que comer uma pizza. De qualquer maneira, as porcarias que ela devorava nunca preencheram o vazio que sentia. Quanto mais fazia exercícios, mais seu corpo pedia coisas como água, cenouras e frutas.

    Depois que Lillian trabalhou na sua samskara relacionada à fome, ela se tornou menos obcecada por comida, mas ainda era um desafio refrear sua compulsão. Lillian admitiu sua esperança de que o trabalho profundo nas sessões a tornaria magra como num passe de mágica. Quando isso não aconteceu, ela teve que encarar a verdade: com ou sem samskaras, a perda de peso exigia esforço.

    Embora Lillian tivesse lidado do seu jeito com uma samskara intensa e se livrado de uma pesada bagagem emocional, ela ainda precisava mudar seus hábitos alimentares e se exercitar com determinação para se tornar a mulher esguia e atraente que queria ser. Para Lillian, o resultado mais empolgante das suas sessões era que agora ela estava pronta para o desafio. Interiormente, ela se sentia muito mais leve. Estava certa de que não demoraria a demonstrar essa leveza exteriormente também.

    Lillian sabia que ainda tinha um longo caminho pela frente, mas estava empolgada por ter dado o primeiro passo. Tinha a chave e estava a meio-caminho de um corpo e uma vida novos.

26

EXPERIÊNCIAS DE MORTE

*E*ntre suas visões de vidas passadas e samskaras, não raro as pessoas veem suas mortes do passado e o tempo imediatamente depois da morte.

Nas sessões de ISIS, as pessoas veem todo tipo de morte, desde a pacífica até a dramática. Em quase todos os casos, imediatamente depois de morrer elas passam um período vagando por lugares familiares ou visitando pessoas conhecidas. Durante esse período, seu eu desencarnado vê, sente e pensa quase como se ainda estivesse vivo. Ele pode nem ter percebido ainda que morreu. Aos poucos, a consciência das coisas terrenas começa a ficar distorcida e semelhante a um sonho, até que se dissipa totalmente. O espaço interior se enche de uma luz e uma presença convidativas, que envolvem o espírito e o levam para reinos mais elevados. Existe sempre um ponto além disso que os clientes não conseguem ver, pois seus eus passados ultrapassaram o raio de alcance visível do ponto de vista terreno.

Alguns exemplos apresentados a seguir ilustram isso.

꩜

Durante uma sessão, Luke se viu na pele de um homem a cavalo, galopando por uma floresta escura. O ar da noite era gélido e o homem se embrulhou melhor na capa para se aquecer. Ele estava cumprindo a sua missão de entregar uma mensagem e sabia que a floresta não era um lugar seguro à noite.

De repente o cavalo deu um passo em falso e atirou o cavaleiro no chão. Atordoado, o viajante se sentou e viu que o cavalo tinha disparado e duas figuras sombrias surgiam de detrás das árvores com facas na mão. A cena seguinte que Luke viu foi o mesmo homem andando à beira da estrada. Ele estava levemente desorientado, mas determinado a seguir em frente. A missão era a única coisa que ele tinha em mente. A mensagem que carregava continha informações militares decisivas e era importantíssimo que ela chegasse ao seu destino.

O dia amanheceu e o mensageiro chegou ao acampamento militar na orla da floresta. Um homenzarrão de uniforme vermelho andava de um lado para o outro ansiosamente, em sua barraca, como se à espera da mensagem. Uma vez dentro da barraca, o mensageiro tentou entregar a mensagem, mas, estranhamente, o oficial continuou andando de um lado para o outro e resmungando para si mesmo. Desconcertado e confuso, o mensageiro não conseguia entender o que havia de errado. Ele seguiu o oficial pelo espaço exíguo da barraca, cada vez mais agitado e frustrado. Então parou na frente do homem e gritou. Bateu com o punho na escrivaninha e chamou o oficial pelo nome. E, então, o oficial se virou na direção dele e estancou de terror. Intrigado, o oficial se perguntou por um instante se estaria vendo um fantasma. Depois, sacudiu a cabeça e voltou a se concentrar no que estava fazendo antes.

Nesse momento, o eu passado de Luke percebeu que estava morto. O caráter estranho das últimas horas começou a fazer sentido. Ele se lembrou do ataque na floresta e instantaneamente voltou a reviver a cena. Flutuando um pouco acima do chão, ele viu seu corpo estendido na estrada, com a garganta cortada e sem a mochila. Ele pensou na mãe e de repente estava em casa novamente. Tudo o que sentia era tão normal e ao mesmo tempo tão estranho. Ele ainda podia andar, ver e pensar. Se estava morto, então por que ainda estava ali? O que deveria fazer agora?

Foi então que o homem notou uma luz em torno dele e, agradecido, voltou-se para ela. Então ele se foi e Luke se sentiu envolvido pela bonita luz da morte.

Quando Nina tentou retroceder além do seu nascimento, ela se encheu de ira. Ao mesmo tempo viu cenas confusas de fogo, sangue e metal retorcido. Havia o som das labaredas e pessoas gritando. Seu corpo estava esmagado entre as ferragens retorcidas e em chamas de um desastre de trem. Ela estava morrendo. Afrontada, lutou contra a morte com todas as suas forças. Não era hora de morrer. Ela era jovem e bonita e tinha a vida inteira pela frente. O destino a traía.

Nina não viu sua alma se afastando depois da morte, nem viu nenhuma luz ou presença bonita. Havia apenas sangue, fogo e raiva, e depois de repente ela era um bebê novamente, furioso por estar recomeçando no útero da outra mãe. Em sua vida atual, Nina tinha sentido raiva durante toda a sua vida, sem saber por quê. Tinha trazido essa raiva com ela de uma morte passada.

Em várias sessões consecutivas, Zoe viu uma cena em que ela estava pairando sobre árvores e jardins, depois sobre uma praia. Parecia que o eu passado de Zoe tinha morrido, mas ainda não percebera. Fizemos a Zoe todo tipo de pergunta para ajudá-la a ver o que estava acontecendo, mas, teimosamente, ela continuava sem entender o que se passava. Por fim, perguntamos diretamente, "Você acha que pode estar morta?" Ela foi inflexível: era impossível. Ela podia sentir seu corpo, podia se mover e sentir. Isso não podia ser a morte, pois ela não *se sentia* morta. Para romper o ciclo de negação, sugerimos que "talvez os mortos se sentissem daquele jeito". Ao ouvir isso, Zoe irrompeu num pranto convulsivo. Com relutância, ela reconheceu que o seu eu passado tinha de fato morrido, mas tinha se negado a compreender. Ela estava se apegando desesperadamente a algo ou alguém que ela não queria deixar para trás, resistindo à morte com todas as suas forças. Quando Zoe sentiu toda a tristeza do seu eu passado, a cena se desenrolou. Por fim, ela foi capaz de se abrir para a luz e encontrar paz.

Embora não raro as pessoas vejam os primeiros estágios de uma jornada pós-morte anterior, desvendar os mistérios entre a morte e o renascimento costuma ser mais difícil. Os textos budistas e hinduístas tradicionais afirmam que o estado da pessoa no momento da morte tem uma grande influência sobre o lugar para onde ela vai nessa jornada imediatamente após a morte. No livro *Death, the Great Journey*, um estudo contemporâneo abrangente sobre a morte e a jornada pós-morte, Samuel Sagan conta uma história budista sobre esse tema. A história é sobre um homem moribundo, que teve uma vida boa, mas, quando estava em seu leito de morte, vê a ganância dos parentes que o rodeiam. Quando ele morre, não é capaz de ver a luz espiritual que o envolve. Em vez disso, mergulha num dos mais violentos espaços interiores de raiva – tudo porque ficou com raiva justamente no instante crucial da transição.

A primeira vista isso parece injusto, no entanto, é só uma questão de causa e efeito. Na realidade, o mesmo mecanismo ocorre quando se cai no sono. Assim como o teor das atividades realizadas antes de dormir pode afetar o conteúdo dos sonhos, ele também pode afetar a profundidade e a qualidade do sono durante toda a noite. O seu sono pode ser bom ou ruim; isso depende de você ter assistido filmes de ação à noite, brigado com um ente querido ou remoído problemas financeiros.

Esse mecanismo estava em ação com Jade quando ela se viu como uma mulher alvejada por soldados nazistas. Imediatamente depois da morte, sua primeira preocupação ainda era o bem-estar dos filhos. Pella, por outro lado, como a garotinha morrendo na caverna, sentiu sua passagem facilmente para espaços mais elevados. Sua transição foi facilitada pela sua receptividade infantil e pelo seu desapego às coisas desta vida. Os dois capítulos a seguir apresentam mais exemplos de como as jornadas após a morte são influenciadas pelo estado de espírito da pessoa no momento do falecimento.

No caso da maioria das pessoas, as experiências do período pós-morte e também daquele que precedeu sua reencarnação num corpo de bebê são preciosas. Elas proporcionam um conhecimento inequívoco de primeira mão sobre a consciência além da vida corrente. Perceber-se como um espírito imortal, que existe através do tempo, é muito bom na teoria, mas saber disso por meio da experiência direta pode transformar a nossa vida.

27

MORTE NO VULCÃO
Dominic

Dominic era um homem de 43 anos, diretor de uma empresa da área de mídia. Astuto e bem-relacionado, ele conhecia todas as pessoas certas e era visto regularmente em festas glamourosas, lado a lado com celebridades. Ele era um homem complexo e sofisticado, com um grande interesse pelo esotérico, mas não gostava que esse traço fizesse parte da sua persona pública. Dominic se descrevia como alguém ocupado demais para ter problemas emocionais, mas queria muito se tornar a melhor pessoa possível. Ele queria ver o que a terapia de vidas passadas revelaria sobre si mesmo.

Durante as primeiras sessões, Dominic viu imagens de uma ilha montanhosa orlada por areias brancas e um mar azul-turquesa – mas esse pequeno paraíso estava sendo devastado por um vulcão em erupção. Dominic era uma mulher que estava sobre uma rocha alta, transfixada pela visão apavorante. A ilha estava literalmente explodindo, pondo um fim ao mundo da mulher.

A mulher estava fazendo uma caminhada e colhendo nozes e frutos silvestres no caminho. De repente, ela ouviu um estrondo ensurdecedor e sentiu o chão sacudir. A vida na ilha vulcânica era pontuada de tremores de terra, mas esse era diferente. Alarmada, ela parou e ouviu. Percebeu um silêncio sinistro. Os pássaros estavam quietos e nem uma brisa agitava as folhas das palmeiras. A ilha segurava o fôlego. A mulher de repente se arrependeu de ter se distanciado tanto de sua aldeia.

Com o coração aos saltos, ela escalou algumas rochas para ver melhor. De um lado havia a conhecida vista das copas das árvores, até a aldeia, às margens do mar cintilante; mas do outro, um rolo de fumaça preta saía da boca do vulcão. Não era nem um pouco parecido com as espirais de fumaça branca que às vezes flutuavam do vulcão e se misturavam com as nuvens. As crenças da ilha estavam relacionadas com o fogo e a magia da deusa vulcânica, não com a sua ira. A mulher sentiu um profundo terror.

A montanha estremeceu violentamente e a coluna de fumaça escura ficou mais grossa. Cinzas finas começaram a cair sobre a pele morena da mulher, mas ela mal notou as brasas minúsculas queimarem-na. As cinzas encobriram o sol e tornaram o mar cinza. À distância, pequenas figuras corriam para todos os lados. Alguns lutavam para chegar até os barcos de pesca, enquanto outros ainda tentavam salvar seus telhados de sapé da chuva de cinzas quentes.

Consternado, o eu passado de Dominic ficou olhando. Houve uma explosão ensurdecedora e o cone principal do vulcão de repente explodiu. Grandes fragmentos de rocha foram lançados pelos ares. Uma rocha incandescente aterrissou na trilha ali perto, iniciando um incêndio e bloqueando o caminho ladeira abaixo. Não fazia diferença, pois a mulher estava paralisada pelo choque. Ela só conseguia olhar tudo com uma expressão de horror.

Da cratera deformada desceu um rio de lama espessa que destruía a floresta por onde passava e fluiu até a praia. As figuras ao longe tentavam lançar suas embarcações ao mar, mas não havia onde se esconder. A chuva feroz de rochas vulcânicas atingia as figuras minúsculas que nadavam desesperadamente até os barcos. O mar era um monstro cinza e borbulhante. A terra tinha enlouquecido. A deusa do vulcão tinha perdido o juízo.

A mulher fitava a trilha de lama e árvores destroçadas. Pedaços de madeira flutuavam nas ondas enlameadas. Com os olhos ela esquadrinhava a praia em busca de seu povo, mas não via ninguém. Seria ela a única alma viva na ilha?

A descrença dava um ar de irrealidade a tudo aquilo. Seu povo tinha sido extinto. Em questão de minutos, seu belo paraíso verdejante tinha se tornado uma terra devastada e enegrecida pelo fogo. A mulher quis desesperadamente não ver, mas não conseguia desviar os olhos. Na sessão, Dominic não tinha certeza tampouco de que queria ver, mas assim como a mulher, não conseguia deixar de olhar.

Com outro estrondo, o vulcão explodiu novamente. Das profundezas da montanha a deusa vulcânica enlouquecida expeliu uma bola brilhante de fogo pela ilha. Ela foi arremessada diretamente em direção à mulher. Tudo aconteceu terrivelmente rápido, no entanto a bola de fogo parecia se chocar contra as rochas em câmera lenta. Ela sabia que era seu fim.

Nesse momento Dominic interrompeu subitamente a sessão. Sentando-se, ele comunicou que já bastava por ora. Não tinha pressa em ver sua própria morte, passar bem, obrigado; isso poderia esperar até a semana seguinte.

Dominic deu um profundo suspiro. Olhou em volta da sala, voltando para o presente. Ainda parcialmente na ilha, ele não tinha certeza se queria ou não ver sua morte. Era tudo intenso demais. Ele precisava de algum tempo para pensar sobre toda a experiência, antes de voltar para a ilha novamente.

Na manhã seguinte, porém, Dominic telefonou, dizendo que faltava muito tempo até a semana seguinte e pedindo para que remarcássemos a sua sessão para uma data mais próxima. Nessa mesma noite ele retornou, ansioso para aproveitar e dar continuidade à experiência do dia anterior.

Dominic voltou sua percepção para dentro de si, entrando no seu espaço interior. Sentiu uma grande nostalgia pela pequena ilha tropical. Ela costumava ser um lugar acolhedor e alegre, com suas florestas cheias de frutos tropicais luxuriantes, mar abundante e peixes coloridos. Até o ar tinha um brilho diferente. As pessoas eram felizes na ilha. Era uma vida boa, aninhada harmoniosamente entre a flamejante deusa-montanha e o espírito do oceano.

Crescer na ilha era como viver numa grande família, com muitos pais e mães. Dominic descreveu as mulheres como pessoas amigáveis que trabalhavam de sol a sol, e os homens como criaturas belas e de boa índole. Não havia dificuldades ou sofrimento e todos eram amados.

Havia um homem de cabelos pretos e olhos gentis que amava a mulher. O casal se conhecia desde que tinha aprendido a dar os primeiros passos. Tinham brincado juntos, catado conchas na praia juntos e posteriormente descoberto o sexo juntos. A mulher sabia que seu amigo estaria sempre junto dela. Diferentemente de outras jovens, ela não tinha pressa de crescer e ter sua própria família. Gostava da vida do jeito que era, só prazer e diversão, sem nenhuma responsabilidade.

Dominic tinha muita saudade da sua vida idílica. Isso o levou de volta diretamente ao dia fatídico em que seu paraíso fora destruído. Parecia que tinham se passado apenas alguns instantes desde que o primeiro estrondo terrível calara os pássaros até o momento em que a ilha maravilhosa se transformara num monte de lama e cinzas. A ilha da mulher estava morrendo e ela era obrigada a testemunhar sua morte. Se fechasse os olhos era capaz de senti-la, sentir-lhe o aroma e ouvi-la. Não havia como salvar-se. Paralisada de pânico, ela fitava agora um mundo que estava além da sua compreensão.

A bola de fogo estava voando na direção da mulher e ela sabia que só lhe restavam alguns instantes de vida. Muitas coisas passaram pela sua cabeça. Seu homem estava longe, pescando. Será que ele retornaria para aquele inferno enegrecido ou já estaria morto? Ela se arrependia de não ter dado a ele mais de si mesma. Ela o teria deixado mais feliz se tivesse se casado e tido um filho. Estivera tão interessada em prazeres e bons momentos e agora estava tudo acabado.

Antes da bola de fogo ela sentiu um vento mortalmente quente. Houve um leve choque quando a parede de calor a atingiu e então... nada. Embora ela se sentisse como se ainda estivesse sobre as rochas, quando olhou, seu corpo estava queimado e enegrecido como as árvores e a vegetação em torno. Ela tinha se transformado em carvão, endurecida e quebradiça como uma estátua. Confusa, a mulher não sabia o que fazer. Pensou em ficar ali até o mundo se tornar verdejante de novo e o pesadelo ter acabado. Teria de volta sua linda vida outra vez.

Então a mulher percebeu que seu corpo chamuscado estava caído no chão e ela flutuava acima dele. Ver seu corpo morto era ainda mais desconcertante. Ela só conseguia pensar numa coisa: ficar quieta e esperar que tudo voltasse ao normal. Ela estava desorientada e angustiada. Tudo o que queria era ter sua ilha de volta. Ela era jovem demais para morrer. Tinha sido arrancada da sua vida perfeita. No espaço interior, Dominic sentia a perda da mulher como se fosse sua.

Quando pedimos que Dominic visse o que tinha acontecido em seguida, uma visão simbólica tornou-se acessível a ele. Se tinham se passado horas ou eras, ele não sabia dizer, mas ainda se sentia como a mulher da ilha.

Dominic estava em meio a uma cena onírica, deitada de barriga para baixo entre nuvens brancas e fofas, olhando para a Terra embaixo. Cada buraco entre as nuvens era uma opção de vida para a mulher da ilha. Vendo uma ilha e um vulcão, ela saltou para eles sem hesitar, desesperada para voltar para casa. Assim que pulou, ela viu que estava na ilha errada. Ela aterrissou numa ilha do Mediterrâneo, onde as pessoas viviam uma vida mais formal, com roupas, escola e trabalho. Era uma vida escolhida pelas razões erradas. Não a faria feliz, mas era tarde demais para voltar.

Para Dominic pareceu que tinham se passado apenas alguns instantes antes que seu eu passado encarnasse outra vez. A mulher da ilha tinha ansiado tanto pelo seu lar que perdera completamente sua jornada pós-morte nos reinos espirituais. Se essa experiência entrevidas aconteceu desse modo ou não, Dominic não sabia dizer. Saltar das nuvens não era exatamente a maneira que ele concebia o processo de encarnação. Era, no entanto, uma metáfora expressiva para o modo como ele escolhera sua vida seguinte.

Quando perguntamos a Dominic se ele podia ver algum paralelo entre a vida na ilha e sua vida presente, ele disse que sim. Administrar sua empresa não lhe deixava muito tempo para curtir os prazeres da vida, mas ele de fato tinha uma forte reação ao ver coisas de que não gostava. Ele tentava olhar para outro lado, assim como fez a mulher da ilha. Mesmo depois de morta, ela não quis ver que tudo estava acabado e tentou desesperadamente voltar à sua bela ilha.

Dominic sempre sentiu uma grande afinidade, até uma nostalgia, pelas ilhas do Pacífico. Ele passou uma temporada em Vanuatu, um arquipélago de ilhas vulcânicas do Pacífico Sul. Sentiu-se muito atraído pelo estilo de vida, o clima e a atmosfera das ilhas. Ele também tinha fascínio por vulcões, e já havia participado de várias escaladas a vulcões pelo mundo todo.

Dominic continuou com as sessões, conhecendo outras vidas passadas e voltando constantemente ao tema de não querer ver. A diferença entre o passado e o presente era que agora Dominic queria ver. Estava cansado da superficialidade da sua vida social. Estava cansado das festas e das pessoas. O verdadeiro sentido da vida ele só encontraria dentro de si mesmo.

O mais interessante é que, posteriormente, Dominic viu outra vida envolvendo um vulcão em erupção. Dessa vez ele era um homem correndo num terreno plano. Esse vulcão era baixo e redondo, e ele podia ver a lava laranja fluindo das bordas. Havia o cheiro de ácido sulfúrico e de árvores queimadas, e uma chuva mortífera de carvão em brasa e pedregulhos quentes. Lutando para respirar enquanto corria, o homem sentia o ar quente e sulfuroso em sua garganta e o rugido profundo do vulcão no corpo todo.

Nessa segunda experiência com vulcões, o eu passado de Dominic tinha mais raiva do que medo. Havia até mesmo um pensamento inconsciente do tipo, "Ah, não, outra vez não!" Para ele era uma batalha pessoal entre o homem e o vulcão. Lutando para respirar o ar abrasador, ele correu para o seu barco e nadou para tentar se salvar. Depois de muitas horas na água, o homem conseguiu chegar a salvo numa ilha vizinha, onde foi recebido como herói pelos nativos. Dominic reparou que o homem nem tinha cogitado a ideia de procurar outros sobreviventes para ajudá-los a chegar a outra ilha.

Dominic comentou que, embora as duas experiências com vulcões fossem muito diferentes, nos dois casos seus eus do passado tinham a mesma preocupação egoísta com seus próprios interesses. Ele garantiu para si mesmo que esta vida não seguiria o mesmo padrão. Ele não queria constatar outra vez, na hora da morte, que tinha desperdiçado a vida com trivialidades egoístas.

28

A CURA DA LEPRA

Hannah

Hannah era uma avó bastante jovem, de quarenta e poucos anos, com uma vida muito ocupada. Durante o dia ela cuidava do netinho e duas noites por semana dava aulas num curso de design de interiores numa faculdade. Ela não tinha tempo para ficar entediada. Pouco tempo antes, ela notara nas mãos uma estranha erupção de pele. Tinha começado no centro de cada palma e, nas semanas seguintes, se espalhara pelos pulsos e dedos. A pele de Hannah estava vermelha, escamosa e coçava. Às vezes rachava e sangrava. O problema, além de incômodo, também era doloroso.

O medico de Hannah diagnosticara a erupção como eczema e receitara um unguento. Ela procurou uma segunda opinião e desta vez recebeu o diagnóstico de psoríase e a receita de outro unguento. Hannah hesitou. Agora que ela sabia que o problema não era grave, ainda não se sentia pronta para mandar aviar nenhuma das duas receitas. Ela tinha o pressentimento de que havia uma razão mais profunda para a aparência da estranha erupção de pele.

Como já conhecia a terapia de vidas passadas, Hannah resolveu buscar a causa do problema de pele por meio da ISIS, cogitando que talvez houvesse uma causa que os médicos não conseguiam detectar. Afinal o problema já persistia há quinze meses; não faria mal se ela esperasse mais algumas semanas para iniciar o tratamento convencional. No mínimo a busca pela causa do problema de pele lhe daria a chance de saber alguma coisa sobre si mesma.

Quando a sessão começou, Hannah se viu na pele de um homem num lugar seco e quente, pontuado de oliveiras. Ele usava uma túnica até os pés e a cabeça coberta para se proteger do sol escaldante. A terra natal do homem tinha sido ocupada por um exército estrangeiro e era patrulhada por soldados que usavam túnicas curtas e peitorais lustrosos. A comunidade do homem tinha se refugiado nas montanhas desérticas para evitar a presença constante dos invasores. Ali eles viviam em cavernas frias e secas e só iam às cidades próximas quando tinham algo para comprar ou comercializar.

Hannah teve a impressão de que se tratava da Judeia – hoje, Israel – nos tempos da ocupação romana. Ela viu o homem catando lenha. Era de manhã bem cedo e o sol ainda não estava tão quente. A atenção do homem foi atraída para uma pequena multidão de homens e mulheres seguindo um homem, que falava com eles enquanto andava.

A plateia do homem parecia ouvi-lo com atenção e fazia perguntas. As criancinhas acotovelavam-se para segui-lo de perto e segurar sua mão. Enquanto piscava à luz brilhante do sol, o homem viu que o líder descrevia uma cruz no ar com a mão. Havia alguma coisa nele que intrigava o coletor de lenha. De longe parecia que as mãos do homem deixavam pequenos rastros de luz no ar. Havia algo especial acontecendo ali. O homem se aproximou da multidão. Ele estava curioso. Não podia dizer por quê; mas sentia um impulso inexplicável para ficar perto desse homem.

Unindo-se ao grupo de homens e mulheres, ele ficou um pouco atrás do mestre e logo estava sorvendo cada palavra. O líder falava da natureza ativa do amor. O amor verdadeiro, o homem ensinava aos alunos, é um dar e um fazer. Cuidar de outras pessoas é uma das coisas mais nobres que um ser humano pode fazer. O voo dos anjos é possível porque eles têm esse cuidado.

As palavras do mestre eram estranhas à mente do homem, mas tocavam o seu coração. Ele não as compreendia completamente, mas se sentia inspirado por elas, como ficava quando contemplava o sol nascer ou segurava um bebê no colo. Ele se distraiu com os ensinamentos, esquecendo-se de acrescentar mais achas à pilha de lenha. Passado algum tempo, ele olhou ao redor. Era como se tivessem se passado minutos, mas o sol já estava se pondo.

O mestre olhou em torno, para o rosto dos alunos, e reparou no homem parado ali, ainda carregando o fardo de lenha nas costas. Aproximou-se dele e, sem dizer uma palavra, olhou-o nos olhos e encostou os dedos levemente em seu peito. De repente, uma imensa alegria brotou no homem e seu coração começou a brilhar como o sol. A fome, o calor e a fadiga desapareceram. Ele se sentiu mais vivo do que nunca. Imediatamente constatou que queria seguir esse homem. Se alguém lhe perguntasse por quê, não saberia o que dizer. Ele simplesmente sabia. Essa noite, em casa, ele se despediu de todos e, no dia seguinte, deixou as cavernas para seguir o mestre, aonde quer que ele fosse.

Depois disso o homem aprendeu a curar pessoas por meio do toque. Ele atraía a luz do amor do mestre e a oferecia para quem pedisse ajuda. Homens e mulheres com lepra, pobres almas em quem ninguém tocava ou chegava perto, aproximavam-se dele em busca de cura. Tocando os leprosos com as mãos, ele lhes transmitia energia de cura. Aqueles que ainda não estavam em estado terminal, eram curados. Outras, já em seu leito de morte, faziam a passagem para a outra vida em paz, transportados pela luz que ele irradiava do coração.

Toda vez que o curador tocava uma pessoa doente, suas mãos ficavam quentes. Hannah se sentia como o curador e percebia a energia irradiando de suas palmas. Uma grande compaixão irrompia através dele e envolvia a pessoa que ele estava tocando. Quanto mais receptivo o doente estava para essa compaixão, mais efetiva era a cura. Aqueles que mais se permitiam receber iam embora transformados de corpo e alma.

Materialmente, tratava-se de uma vida simples, mas riquíssima em profundidade espiritual. O curador dedicava sua vida ao mestre. O aprendizado sob a orientação desse homem lhe trazia imensa alegria. Posteriormente, ele viajou sozinho, mas continuava sendo nutrido pelo amor que devotava ao mestre. Ele cumpria sua missão de cura certo de que estava servindo a Deus. Sentia que sua vida tinha significado e propósito.

Depois de alguns anos fazendo curas, o homem contraiu lepra. Ela começou na palma das mãos com feridas que não cicatrizavam e se espalhou lentamente pelo corpo. A princípio, o curador não se preocupou. Ele tinha certeza de que não demoraria a se curar. Afinal de contas, ele era um instrumento para a obra de Deus. Ele tinha fé de que a força de cura que transmitia aos outros também faria um milagre no seu caso. Então, à medida que via seu corpo apodrecer, começou a ficar com medo. Ele tinha visto como era morrer dessa doença devastadora e repugnante. E começou a ficar com raiva de Deus. Ele era uma boa pessoa. Será que Deus não via que ele sempre O servira? Por que não o protegia?

Hannah sentiu o medo e a indignação do curador ao se ver prestes a morrer como um leproso pobre e desprezível. Depois de tudo o que tinha feito, Deus era cruel com ele, deixando-o perecer daquele jeito, corroído pela doença que ele próprio tinha curado nas outras pessoas. Ele estava zangado com Deus, zangado com seu mestre e zangado consigo mesmo, por ter confiado tão cegamente. Foi assim que ele morreu, longe da compaixão amorosa e da luz de cura que durante tantos anos tinha oferecido aos outros.

Na sessão, Hannah estava irada também. A raiva era como uma chama ardente que borbulhava em seu íntimo e lhe dava vontade de chorar e gritar. A ira logo irrompeu dos lábios de Hannah, quando ela extravasou a sua revolta por ter sido abandonada por Deus. A expressão da dor lhe trouxe um sentimento maravilhoso de transgressão. A permissão para ficar tão furiosa e para ouvir os sons primitivos e descontrolados que brotavam da sua boca a distanciou totalmente do seu estado mental costumeiro. Sua barriga era uma fera primitiva e seus gritos expressavam a alegria inebriante que sentia.

Em meio a essa experiência, Hannah se chocou com a incongruência da situação. Não era nada parecido com o que ela esperava da terapia de vidas passadas. Era assim que uma mulher de meia idade responsável deveria se comportar? Inebriada pelas forças que emergiam da sua barriga, Hannah começou a rir. Ela riu até ficar completamente sem fôlego e então, por fim, ficou em silêncio, ainda com um sorriso nos lábios.

No silêncio que se seguiu, Hannah se sentia outra pessoa. Ela não só estava com a cabeça leve, como seu corpo parecia flutuar num raio de sol. Enlevada por um sentimento de luz, Hannah percebeu que a leveza vinha do seu próprio coração. A raiva se fora e ela percebia que o sentimento de luz era a mesma luz que ela um dia conhecera como o curador numa vida passada, na Judeia. Seu eu do passado a chamara de Deus. Para Hannah, ela continha a essência do seu eu verdadeiro.

Oprimido pela lepra e pela raiva, o curador tinha perdido contato com essa luz. Agora, Hannah via que ela nunca o deixara. Mesmo depois da morte vil, em meio à raiva, a luz estivera ali, aguardando pacientemente. Se ao menos o curador tivesse se voltado para ela, ele teria encontrado consolo, não importa o que estivesse acontecendo com seu corpo. Hannah suspirou. Seu lado pragmático não via sentido nisso, mas ela compreendia que certas coisas do coração a mente nunca entenderá. Era como a reunião há tanto tempo esperada com alguém que ela amava profundamente. Hannah foi tomada por lágrimas de alegria.

Essa sessão representou uma importante reviravolta para Hannah. Nos dias que se seguiram, ela se descobriu cantando nos momentos mais inusitados. Seu canto vinha diretamente do coração. Uma porta que havia se fechado abria-se outra vez.

Passaram-se semanas, e Hannah estava impressionada com as mudanças que via na sua pele. A erupção se curou e ela passou a sentir uma coceira intensa e ardente. Então, aos poucos, ela começou a diminuir. Sem poder acreditar, Hannah assistia enquanto a vermelhidão aos poucos se reduzia às palmas das mãos, onde tinha começado. Finalmente, ambas as mãos ficaram totalmente curadas, como se a erupção nunca tivesse existido.

Vários anos depois, a pele de Hannah ainda continuava intacta. A seu ver, o problema tinha sido uma tentativa do corpo de lidar com a antiga raiva de vidas passadas. Agora que ela tinha descoberto sua cura, não precisava mais da doença.

29

AVISO DO FUTURO

Christina

Christina nunca teve muitos amigos e nunca considerou isso um problema – até que passou a conviver com o círculo de amigos do novo namorado. Ela ficou irritada com a boa acolhida. Eles nem a conheciam ainda! Como podiam estar sendo sinceros? Christina ressentia-se de dividir o parceiro com seu séquito de colegas de trabalho, amigos do futebol e antigos colegas de escola. Também não ajudava o fato de que, embora ele fosse carinhoso quando estavam a sós, seu trabalho exigia que ficasse dias ou semanas fora da cidade. Depois de algumas discussões acaloradas, Christina e Harry concordaram que suas reações eram indicação de algo que ela precisava trabalhar dentro de si mesma.

Nas sessões, Christina viu um homem de cabelo ondulado, usando um uniforme militar. A jaqueta do homem tinha vários botões e medalhas, e ele era alto e tinha uma postura orgulhosa. No entanto, ela sentia que não se tratava de uma vida passada. Tinha, isto sim, a forte impressão de que estava vendo a si mesma numa possível vida futura.

O oficial da visão interior de Christina era confiável e decidido. Ele tinha um ar de tranquila autoridade sobre si mesmo e ela podia ver que impunha respeito entre os colegas e subordinados.

Christina via seu futuro eu numa reunião estratégica com outros oficiais. Eles estavam sentados em volta de uma grande mesa, cheia de papéis e mapas; a tensão no ambiente era quase tangível. Eles estavam prestes a ordenar uma operação impiedosa. Para levar a melhor sobre o inimigo, alguns dos seus próprios civis teriam que ser sacrificados.

O homem na visão de Christina já tinha tomado anteriormente decisões difíceis como aquela, mas agora era diferente. A estratégia cogitada permitiria que o inimigo invadisse a região onde sua mulher e seu filho moravam. Isso afastaria as tropas inimigas de posições estratégicas, tornando-as mais vulneráveis.

O oficial mantinha a calma enquanto refletia sobre todas as implicações do que eles estavam prestes a fazer. A operação causaria a morte de civis. Ele poderia estar planejando a morte da própria família. Tirá-la dali antes não seria possível. O inimigo poderia perceber e talvez isso causasse pânico na cidade; o sucesso da operação dependia em grande parte do fator surpresa.

Da perspectiva militar, era evidente o que ele tinha que fazer, mas, do ponto de vista pessoal, o oficial estava dilacerado. Ele só tinha duas alternativas: escolher o ideal dos direitos humanos pelo qual sempre lutara ou escolher a família que amava. Não havia escapatória.

Depois da reunião, ele tentou telefonar para a esposa. Só ouviu o recado da secretária eletrônica. Sem conseguir conter a agitação, ele andava de um lado para o outro em seu pequeno gabinete, repassando várias e várias vezes a situação mentalmente, desesperado para encontrar uma saída.

A esposa era sua alegria e sua força, a única pessoa em quem ele podia encontrar apoio quando todos o procuravam pela sua capacidade de liderança. Seu coração ficava oprimido diante da possibilidade de perdê-la. E seu filho – a última vez que ele o vira fora seis meses antes, no aniversário de 4 anos do menino. Sentia-se devastado ao pensar que a vida da criança podia estar prestes a chegar ao fim, e por suas próprias mãos. Sem a compostura que sempre mantinha, o oficial sentia-se numa queda livre.

Repetidamente, ele repassou o plano em sua mente. Não podia acreditar que seus superiores esperassem isso dele. Ele mal podia respirar com a opressão que sentia no peito. Quando sua dor se converteu em raiva, o homem praguejou contra seus comandantes, depois contra os líderes das tropas inimigas, e depois contra as próprias forças da divindade. Ele queria lutar pela liberdade, mas a que preço? Não estava preparado para correr o risco de perder as duas pessoas que mais amava.

A raiva tomou conta do coração do oficial e cortou os laços com os princípios de integridade pelos quais ele vivera até então. Tomado de ira, ele chutou as paredes do gabinete e soltou imprecações. Não era justo. Eles estavam pedindo demais. Ele nunca sentira tamanha dor emocional e se deixar dominar pela raiva só estava piorando as coisas. Ele tinha perdido toda a lucidez e objetividade. Fechando os punhos, ele decidiu que não deixaria a família ser sacrificada para que uma batalha fosse vencida. Ele não abandonaria seus entes queridos por causa de princípios. Para o inferno com os princípios – dali em diante ele lutaria de acordo com as suas próprias regras.

Uma onda de ódio irrompeu dentro dele. Ele se sentia vingativo e perigoso, em oposição a todo ideal que um dia defendera. Sua única opção, ele concluiu, seria sabotar toda a operação.

Christina ficou alarmada ao ver a maneira pela qual seu eu futuro tomava essa decisão. Algo iria dar muito errado. Esse homem supostamente era uma peça-chave para a luz. Se ele abandonasse o seu senso de integridade, não estaria servindo apenas o inimigo, mas as forças da escuridão.

Christina buscou fundo em seu íntimo o significado do que estava vendo. Seu eu futuro estava carregando dentro de si algo não resolvido do passado – um fragmento de uma raiva negra que estava levando-o a perder o discernimento nesse momento decisivo. Christina entendeu que era um aviso. Ela precisava olhar para a sua raiva reprimida ou provavelmente acabaria como o homem do futuro.

Tal tipo de visão traz força. Ver os rumos que tomariam as decisões do seu eu futuro era um convite para mudá-las. A visão de Christina estava lhe dizendo para resolver sua raiva antes que esta levasse a melhor.

As sessões seguintes de Christina foram focadas nessa vida. Ao ver seu eu futuro, ela tinha pensado seriamente na sua raiva e admitido que ela era um problema. Como aquele homem do futuro, ela achava mais fácil gritar raivosamente e chutar tudo do que chorar quando as coisas davam errado. Christina sempre detestara que lhe dissessem o que fazer, e quando criança tinha ataques de raiva regularmente. Mesmo no presente ela era conhecida pelos amigos como alguém temperamental.

Christina refletiu sobre a sua infância e constatou que tinha crescido sem carinho. Os pais ocupados e os irmãos mais velhos deixavam Christina frequentemente sozinha. Quando era uma garotinha, os acessos de raiva eram muitas vezes o único jeito de conseguir a atenção dos pais. Mesmo ser repreendida ainda era melhor do que ser ignorada.

Ao longo do período em que compareceu às sessões, Christina percebeu que era muito mais feliz quando o parceiro Harry estava em casa e ela podia expressar o seu lado sensual. Por outro lado, quando Harry estava trabalhando fora da cidade, ela ficava amuada e irritadiça.

Christina concordou com essa observação. Ela tendia a se sentir mais feliz, mais forte e mais centrada quando recebia muito amor. Ela tinha um enorme potencial para a sensualidade e o prazer, e raramente encontrava parceiros que se comparassem a ela. Muitas vezes, no passado, Christina tinha conhecido homens que não sabiam como agir diante da sua intensidade. Ela aprendera a se refrear por medo de afugentar os parceiros. Isso só a prejudicara. Ela tinha acumulado dentro de si uma grande frustração e a expressado nas situações mais variadas.

Christina nunca tinha pensado muito na ligação entre a raiva e a sexualidade. Ela tinha grandes anseios sexuais, mas os tinha reprimido, por não saber aonde eles a levariam. Ela não tinha sempre aprendido que as boas meninas não devem ser tão sexuais? Não havia espaço para uma libido intensa em seu sistema de crença. Ela tinha tentado se concentrar em ser uma namorada e parceira "refinada". O problema era que o sentimento de frustração que tinha nos seus relacionamentos não a ajudava nesse refinamento.

Sugerimos a Christina que não existe nada de refinado em reprimir um aspecto tão gloriosamente exuberante do seu ser, e que ela deveria assumir uma atitude diferente. Por que não aceitava sua sensualidade como parte do processo de se conhecer e assumir seu verdadeiro eu? Trabalhando isso em seu relacionamento e no espaço internalizado da ISIS, ela tinha a oportunidade perfeita para explorar e assumir as energias vitais sutis que representavam sua sensualidade e sexualidade.

Christina foi conduzida através dos níveis ocultos da consciência em seu abdome. O espaço se aprofundou e logo ela sentiu como se estivesse mergulhando num profundo poço luminoso.

Em sua visão interior, ela se viu numa caverna de esmeraldas. O ambiente era rico em poder criativo. O ar reluzia com uma luz esverdeada e as laterais da caverna eram crivadas de estranhas pedras preciosas. Esmeraldas semelhantes a frutos sumarentos, rescindindo a força vital, brilhavam nas paredes da caverna. Bastava olhá-las para que Christina se sentisse banhada em vibrantes ondas de cura. A princípio ela ficou hesitante. Que tipo de lugar era aquele? Era real ou imaginário? Fosse o que fosse, estar ali a fazia se sentir fantástica, como a sensação de leveza que se sente depois de uma maravilhosa noite de amor ou o oceano que um dia foi testemunha dos primórdios secretos da vida. Isso não fazia sentido para a mente lógica de Christina, mas tinha um grande significado para seu lado mais instintivo.

Depois dessa sessão, Christina quis juntar todas as peças. O que essa fabulosa caverna verde tinha a ver com o futuro ou com a sua vida presente? Tudo tinha feito sentido num certo momento, mas agora Christina precisava pensar a respeito.

Raramente na vida Christina tinha conseguido o que queria. Na infância ela fora carente de amor e agora estava num relacionamento com um parceiro amoroso, mas ausente. Ela ficava sozinha com frequência e tinha se acostumado a se sentir abandonada e insatisfeita sexualmente. Sua atitude negativa tinha se tornado uma profecia autorrealizada. Ela esperava se decepcionar e desistiu muito facilmente de tentar. Embora externamente demonstrasse alegria, por dentro era um poço tempestuoso de desapontamento.

Christina podia ver que, se continuasse desse jeito, o ressentimento aumentaria em seu interior como o vapor numa panela de pressão. Essa raiva mal resolvida acabaria sendo extravasada, aniquilando qualquer chance que ela tinha de fazer um julgamento correto, provavelmente quando mais precisasse manter a calma. A sua visão do futuro tinha deixado isso claro.

Ao longo dos meses seguintes, Christina se concentrou no seu relacionamento e se empenhou sinceramente em aprender sobre intimidade e confiança. À medida que as sessões revelavam as camadas ocultas de raiva e dor, a sua atitude de cinismo com relação aos amigos de Harry começou a se amenizar. Ela também estava descobrindo novos níveis de carinho e confiança com relação ao namorado.

Christina tinha visto aonde a sua jornada interior a levara. Ela tinha começado com o desconforto que sentia com os amigos acolhedores do parceiro, mas tinha descoberto que essa era apenas a ponta do iceberg. Ela tinha visto o seu próprio futuro possível, assim como a profunda caverna mágica da sua sensualidade. Ela entendeu a si mesma num nível mais profundo e estava provocando mudanças positivas na sua vida. Christina sabia muito bem o quanto suas atitudes, seus hábitos e suas escolhas moldavam seu futuro.

30

VIVENDO NO PRESENTE

Quebre os moldes do passado, mas guarde seus ganhos e seu espírito, do contrário você não terá futuro.

Sri Aurobindo

Apesar da retrospecção que o nome evoca, a terapia de vidas passadas está firmemente ancorada no presente. O trabalho de levantamento de dados começa nos problemas do presente e leva as pessoas ao passado, trazendo resultados tangíveis no aqui e agora.

Jade, que um dia foi incapaz de manter um relacionamento harmonioso com os colegas de trabalho, descobriu um emprego gratificante, uma saúde e vitalidade renovadas e um amor mais profundo em seu relacionamento. Giannetta e Eric enfrentaram, ambos, o medo de ter poder e se tornaram líderes de equipe entusiasmados e eficientes. Sally abandonou suas fobias e revelou uma dimensão espiritual dentro de si que havia perdido. Hannah curou seu misterioso eczema e descobriu uma nova alegria em sua vida. Alex deixou de lado a amargura e viu um mundo de possibilidades se abrindo para si.

Sem possibilidade de ver através da cortina de fumaça de seu próprio condicionamento, a maioria das pessoas vive uma realidade distorcida, criada por suas samskaras. Toda reação, toda emoção e toda disposição de espírito são condicionadas pelas samskaras, seja isso percebido ou não. Um bebê se apega à mãe depois do divórcio dos pais, então cresce e trava relacionamentos de dependência com mulheres mais velhas. Uma mulher casada perde a confiança na sua feminilidade depois que o marido a troca por um homem. Acontecimentos traumáticos da primeira infância ou de vidas passadas podem ser esquecidos, mas, quando as impressões deixadas são profundas, a passagem do tempo não diminui sua influência.

Sem saber das samskaras, as pessoas podem achar que certo traço de caráter é inerente a elas. Dizem coisas como "Sou tímida", "Sou genioso", "Detesto tirar foto", "É assim que eu sou". No entanto, as idiossincrasias podem ocultar camadas de condicionamento. Até mesmo os gostos e aversões aparentemente triviais podem se basear em samskaras. Pense em Dominic, que descobriu que seu fascínio por vulcões tinha se originado numa ilha vulcânica de uma vida passada; ou Elaine, cuja aversão à dor era uma herança do romance doloroso de muitas vidas atrás. Todos os tipos de limitações, grandes e pequenas, podem derivar de samskaras, e essa é a chave para mudá-las. Se o condicionamento teve um começo, então também pode ter um fim.

Para muitas pessoas, mesmo para aquelas que começam uma terapia, a ideia de que sua personalidade poderia mudar num nível fundamental não é óbvia. Elas querem se sentir melhor, resolver seus problemas e ser felizes. Mas se tornar alguém diferente? A maioria das pessoas nem sabe dizer o que isso poderia significar.

Quando as pessoas mergulham no fundo de si mesmas, porém, elas se tornam diferentes e o resultado se evidencia em suas vidas. Elas redescobrem seu entusiasmo e senso de propósito. Seus olhos brilham. Elas rejuvenescem. Antigos hábitos restritivos caem por terra e elas começam a assumir o controle da própria vida. Às vezes a mudança vista nessas pessoas é chocante. No entanto, para elas próprias, até a mudança mais dramática parece perfeitamente natural. Elas sabem que estão mais próximas de si mesmas.

Quando alguém vivencia acontecimentos do passado nas origens em seu espaço interior, todos os padrões destrutivos e negativos podem ser trazidos à luz e elucidados. Pouco a pouco, as samskaras perdem seu poder e comportamentos condicionados são substituídos por clareza emocional e livre-arbítrio.

Além de ser um catalisador para criarmos uma vida melhor, o trabalho de buscar a fonte dos problemas leva a uma profunda abertura espiritual. A dissolução de uma samskara vem acompanhada de flashes iluminadores de autoconsciência e estados expandidos de visão espiritual. Esses estados libertadores não são apenas experiências agradáveis que acontecem como um tipo de bônus durante as sessões; elas fazem parte do verdadeiro cerne do processo da ISIS. Vistas por essa luz, as samskaras são muito mais do que bloqueios; elas são portais para se vivenciar os aspectos mais elevados da consciência humana.

Felizmente, para levar a estados belíssimos de abertura espiritual, as experiências de vidas passadas não precisam ser historicamente precisas nem nada parecido. Não importa se elas são reais ou não. O importante é que sejam *emocionalmente precisas*.

A terapia de vidas passadas pode dar vazão a todo tipo de experiência sutil. Ela desperta a visão interior. Abre a porta para níveis de realidade que são inacessíveis à consciência mental comum. Às vezes, as pessoas podem se ver banhadas por uma brilhante luz não física e presença espiritual em seu espaço interior, como na experiência de Christina da caverna de esmeralda. Um homem sentiu como se sua consciência tivesse se espalhado por um espaço profundo, e seu corpo se transformado numa nuvem brilhante de estrelas.

Num nível lógico, nada disso faz sentido, mas existem níveis em que isso não é preciso. Tais experiências supramentais colocam as pessoas em contato com as partes eternas do seu ser, as partes que transcendem as limitações de tempo. Elas trazem uma densidade de presença e uma certeza de que nada poderia ser mais real. Durante tais experiências, a vida normal parece uma realidade bidimensional de papelão.

As imensas mudanças propiciadas pelo trabalho interior profundo como o da ISIS não são vagas ou teóricas, mas tangíveis e práticas. Os medos se dissipam, a saúde e os níveis de energia aumentam, as questões emocionais difíceis são resolvidas e os relacionamentos problemáticos se esclarecem. A terapia de vidas passadas não é uma panaceia, pois nenhuma terapia é 100% eficaz para todas as pessoas. Para aqueles que se dedicam ao processo, porém, os resultados são perfeitamente visíveis em suas vidas. Não raro amigos e familiares notam a diferença e se perguntam o que a pessoa pode estar fazendo para causar a mudança.

O mais interessante é que as pessoas para quem a terapia de vidas passadas traz grandes mudanças não são aquelas abençoadas com algum talento ou visão especial, mas indivíduos com o desejo subjacente de se conhecer. Muitas vezes é possível constatar que as experiências de vidas passadas trazem profundas revelações pessoais sobre o presente. É muito mais do que uma compreensão intelectual. Além de propiciar a resolução de samskaras e o conhecimento de vidas passadas, a experiência direta de ter existido além do aqui e agora tem um profundo efeito de despertar. Depois dela, a vida simplesmente não pode voltar a ser a mesma.

NOTAS

Introdução
Samuel Sagan, *Aphorisms, Not All of Them Related to the Clairvision Work*, 1995.

Capítulo 6
IP Pavlov, *Conditioned Reflexes*, tradutor GV Anrep, Dover Publication, 1984.
S Sagan, *Regression, Past-Life Therapy for Here and Now Freedom*, Seção 3.2, Clairvision School Foundation, Sidney, 2006.

Capítulo 21
S Aurobindo, *Pensées et Aphorismes*, tomo 2, aforismo número 228, Buchet/Chastel, Paris, 1984.
S Sagan, *Áquila*, ciclo de leituras, palestras não publicadas. Terça-feira, 2 de junho de 1995, Clairvision Knowledge Base, Clairvision School Ltd, Sidney, 1999.
R Steiner, *Karmic Relationships*, Rudolf Steiner Press, Dornach, 1924.

Capítulo 26
P Hauri, "Evening activity, sleep mentation and subjective sleep quality" *Journal of Abnormal Psychology*, 1970, vol. 76(2) 270-275.

S Sagan, *Death, the Great Journey*, Clairvision Knowledge Track (curso por correspondência), Sidney, 2001.

HA Witkin, HB Lewis "The Relation of experimentally induced presleep experiences to dreams – a report on method and preliminary findings", *Journal of the American Psychoanalytic Association*, 1965, 13:819-849.

Capítulo 30
S Aurobindo, *Pensées et Aphorismes*, tomo 2, aforismo número 238, Buchet/Chastel, Paris, 1984.

A ISIS é ensinada na escola Clairvision® e praticada por profissionais do mundo inteiro. Você pode obter mais informações no site da IST: www.innerspacetechniques.com.

A Clairvision® é uma escola de meditação e de trabalho espiritual que oferece cursos no mundo todo. Para mais informações, visite o site www.clairvision.org.